L'INDISCRÉTION DES FRÈRES GONCOURT

DU MÊME AUTEUR

Aux Éditions Grasset

LE PÉNIS ET LA DÉMORALISATION DE L'OCCIDENT (avec Jean-Paul Aron).
BOUVARD, FLAUBERT ET PÉCUCHET.
UN AMI POUR LA VIE, *roman.*
AVEC ANDRÉ GIDE.

Aux Éditions du Seuil

DIDEROT ET LE ROMAN, coll. Pierres Vives.
SUR LE CORPS ROMANESQUE, coll. Pierres Vives.
HOW NICE TO SEE YOU ! AMERICANA.
MŒURS : ETHNOLOGIE ET FICTION, coll. Pierres Vives.
DANDIES : BAUDELAIRE ET CIE, coll. Pierres Vives et coll. Points (Grand Prix de la Critique littéraire).

A l'U.G.E.

SUR LE DANDYSME, *textes présentés par Roger Kempf.*

Aux Éditions Denoël/Gonthier

LES ÉTATS-UNIS EN MOUVEMENT (collectif Médiations, n° 1).

Aux Éditions Vrin

KANT, ESSAI POUR INTRODUIRE EN PHILOSOPHIE LE CONCEPT DE GRANDEUR NÉGATIVE (traduction).
KANT, OBSERVATIONS SUR LE SENTIMENT DU BEAU ET DU SUBLIME (traduction).
KANT, CONTROVERSE AVEC EBERHARD (traduction).

ROGER KEMPF

L'INDISCRÉTION DES FRÈRES GONCOURT

essai

BERNARD GRASSET
PARIS

Les Goncourt, dont on tend de plus en plus à nous représenter seulement les tics intolérables, n'étaient pas incapables de voir, de palper.

ANDRÉ BRETON,
Les Vases communicants

AVANT-PROPOS

On les a voués aux gémonies et rien, à première vue, ne semblait plus légitime. N'étaient-ils pas misogynes, antisémites, hostiles au peuple et aux bourgeois, à l'Académie française, à l'Université, aux Normaliens, aux journalistes, aux critiques ? Cela fait beaucoup de monde.

Edmond et Jules de Goncourt auront, une vie durant, payé le prix de leurs convictions et de leurs inimitiés. On les a fustigés, calomniés, ou, plus cruellement encore, ignorés. Edmond, jusqu'à la veille de sa mort, s'en lamente ; on ne les a pas seulement attaqués, mais pillés ; dans le roman, l'histoire, la critique d'art ; le monde est méchant ; nul n'a connu pareil calvaire.

Il est vrai qu'il suffisait, pour incriminer les deux frères, de piocher dans leur *Journal* et de s'y approvisionner. Exécuteurs et victimes, ils s'offrent eux-mêmes aux coups et fourbissent les armes de leurs adversaires. Ce qu'on leur reproche surtout, c'est d'être indiscrets. Certains, aujourd'hui encore, les tiennent pour d'invétérées commères. Or, cette indiscrétion, qu'ils revendiquent et justifient, n'a rien de parcellaire ; elle ne consiste pas, comme dans une fable de La Fontaine, à vendre la mèche, à trahir une confidence. Les Goncourt n'ont pas fait le serment de se taire. Leur indiscrétion, plénière, absolue, n'épargne personne, pas même eux. Ils disent haut et fort, sans ambages, ce que les opportunistes dissimulent sous le manteau de l'hypocrisie. Chaque soir, fussent-ils à bout de forces, ils se font un devoir d'oser tout rapporter. Pareille audace, de longue date inconcevable, signifie pour les Goncourt la littérature qui procure des embêtements.

Et c'est aussi pourquoi, de 1851 à 1896, le *Journal* qui, pour une large part, a nourri cet essai, n'est pas seulement édifiant, mais comique, par l'inquiétude et le suspense qu'il entretient. Chacun craint d'y être mis à nu, perdu d'honneur, déconsidéré pour ses propos ou ses frasques, de son vivant ou bien à titre posthume, et de laisser un ignoble souvenir à sa descendance.

Mais à mesure que s'éloignent dans le temps les milliers de personnages enrôlés par les Goncourt et dont la position ou le pouvoir aujourd'hui nous échappent, le *Journal*, loin de perdre de son intérêt, tourne à la fiction et acquiert cette patine que Proust regrettait de ne pas y trouver. Combien romanesques les piques de Mme Daudet et de Mme Zola, les bouderies et les brouilles, les bouches cousues, les poignées de main ostensiblement refusées ou lâchement consenties, le navrement de la princesse Mathilde devant son assiette à soupe, son air grinchu pendant la lecture de *Madame Gervaisais*, et bien d'autres futilités. Que cela est parisien, devait marmonner Nietzsche, grand lecteur des Goncourt, curieux de ce qui se disait chez Magny, mais déconcerté, j'imagine, de lire dans le *Journal* que les deux frères avaient eu conjointement l'idée de pisser en même temps sur un certain chou de leur jardin.

Cette gaminerie qui, pour Edmond et Jules, illustre plaisamment leur gémellité, n'enlève rien à la gravité de ce qui va suivre. Le salon de la princesse Mathilde, ce théâtre privilégié de leurs relations littéraires depuis 1862, devient de plus en plus antipathique à la personne et à l'œuvre des Goncourt. Trop de membres de l'Institut, trop de professeurs, trop de claque servile, de plus en plus de juifs. Le mercredi 25 août 1869, la Princesse ayant fait l'éloge d'Adolphe Franck et de ses coreligionnaires, l'un des Goncourt lui lance, au milieu des convives pâlissants : « Eh bien, Princesse, faites-vous Juive ! »

A l'égard de cette femme, les Goncourt s'avouent tiraillés entre des sentiments contradictoires d'affection réciproque, de fidélité inflexible et de lucidité impitoyable. « Ce qu'on peut dire de plus cruel contre la Princesse, – cette très charmante femme, écrit Edmond, c'est qu'avec tout ce qu'il faut pour cela, elle n'aura, pendant toute sa vie, elle n'aura su goûter ni un vrai bon livre, ni un vrai bon tableau, ni une vraie bonne sauce. » A-t-elle aimé *Les Frères Zemganno* ? Elle n'en souffle mot, alors qu'Edmond espérait « une allusion aimable à la fraternité peinte dans ce livre ». De *La Maison d'un artiste*, cet incomparable chef-d'œuvre, la malheureuse ne retient que les douze robes japonaises qu'elle voudrait porter.

Les révélations du *Journal* l'excèdent et la gênent, pour elle et pour ses habitués. Qui ne la comprendrait ? Mais Edmond s'insurge, pris d'une colère amassée au fond de lui « par la froideur du salon depuis quelque temps », et lui jette, indifférent aux gens arrivés : « Pardieu ! je le sais bien, ici, on a horreur de la vérité... » C'est cette violence que j'ai souhaité conserver, sans jamais, sur aucun sujet, morigéner les Goncourt.

I

Les indiscrets

L'œil écoute

Ils ont pris le parti de portraiturer sans vergogne, sous toutes les coutures, coûte que coûte, les gens que les hasards de la vie leur ont fait rencontrer. Ce qu'ils voient, ce qu'ils entendent, ce qu'ils démasquent, ils l'engrangent fébrilement : visages, conversations, rumeurs. Retour d'une visite, d'un dîner, d'un spectacle, ils jettent le soir même, ou, au plus tard, le lendemain, leur vécu sur le papier. Sténographes, comme le suggère Edmond dans son entretien avec Jules Huret [1], mais aussi phonographes, ils gardent dans le tuyau de l'oreille la petite voix pointue de Renan, la voix de somnambule de Paul Hervieu ou la

1. Edmond et Jules de Goncourt, *Journal, mémoires de la vie littéraire*, texte intégral établi et annoté par Robert Ricatte, 4 vol., Paris, Fasquelle/Flammarion, 1956, II, p. 854.

sonorité rebondissante de la voix de Lavisse. Nous entendrons aussi, dans le *Journal*, le timbre de perroquet d'Alcide Delzant, leur premier biographe, et le rire calculé de Jules Lemaître, « ce petit rire du fond de la gorge, qui est toute une diplomatie, un rire qui lui donne le temps de ne pas dire sa pensée, de la dissimuler, de l'arranger ». Souvent, dans leur hâte à tout conserver, ils ont encore leur habit au dos lorsqu'ils écrivent sur le chaud de la soirée. Beaucoup les prennent pour des amateurs, des gentlemen faisant joujou avec la littérature, en raison de leur particule et de leur apparent désœuvrement.

Heureusement pour le *Journal*, ils ne vivaient pas en reclus. Mais où donc trouvaient-ils le temps d'écrire, de fouiller les archives et les bibliothèques, de flâner, de chiner, de courir le jupon ? Que de sorties, rituelles ou improvisées ! André Billy en livre, au jour le jour, la liste exhaustive : le jeudi et le dimanche, dîner chez les Daudet, le mercredi chez la princesse Mathilde [1], le samedi chez

1. Les Goncourt l'appellent simplement la Princesse. Elle est la fille de Jérôme Bonaparte et de Catherine de Wurtemberg.

Mme Sichel, la veuve du marchand de japonaiseries ; dîners Magny [1], puis Brébant, invitations des Straus, des Rothschild, de tant d'autres [2].

Marcel Proust, dans sa vingtième année, croisait Edmond de Goncourt chez Mme Alphonse Daudet et la princesse Mathilde. Ce devait être en 1891. Le premier tome du *Journal* tant appréhendé avait paru en 1887. « Chez la princesse Mathilde, note Proust, le méfiant dédain inspiré par la personne de M. de Goncourt était quelque chose d'affligeant. J'ai vu là des femmes, même intelligentes, se livrer à des manèges pour éviter de lui dire leur *jour* », redoutant qu'il ne les mentionne dans ses Mémoires... Des Mémoires à l'état brut, filés à trop court terme, des *instantanés*, quand Proust eût souhaité un « dosage

1. Magny, restaurant de la rue Contrescarpe-Dauphine. Sainte-Beuve y a ses habitudes. Les dîners chez Magny, inaugurés le 22 novembre 1862, réuniront deux fois par mois des écrivains, des critiques, des philosophes et des hommes de science. Brébant, restaurant du boulevard Poissonnière, accueillera, à partir de 1869, l'ancien dîner Magny.

2. André Billy, *Vie des frères Goncourt*, Flammarion, 1956, III, p. 99.

de mémoire et d'oubli » : « Cette subordination de tous les devoirs, mondains, affectueux, familiaux, au devoir d'être le serviteur du vrai, aurait pu faire la grandeur de M. de Goncourt, s'il avait pris le mot de vrai dans un sens plus profond et plus large, s'il avait créé plus d'êtres vivants dans la description desquels le carnet du croquis oublié de la mémoire vous apporte sans qu'on le veuille un trait différent, extensif et complémentaire. Malheureusement, au lieu de cela, il observait, prenait des notes, rédigeait un journal, ce qui n'est pas d'un grand artiste, d'un créateur [1]. »

Combien sévère ou injuste, ce « malheureusement », d'autant que Goncourt [2], dans sa préface de 1887, souligne et son souci des perspectives et le changement des personnages réapparaissant tout au long du *Journal.* Quel souvenir, par exemple, gardions-nous de Gavarni, l'homme qui a le mieux aimé les deux frères, et qu'ils ont le plus admiré, de son génie, de ses aventures, de son audace!

1. Marcel Proust, Essais et articles, in *Contre Sainte-Beuve*, Gallimard, Bibl. de la Pléiade, 1971, p. 642.

2. J'écrirai tantôt *les* Goncourt, tantôt Goncourt ou Edmond, après 1870, pour le survivant des deux frères.

N'avait-il pas, à Londres, résisté aux avances de Dickens et de Thackeray ? Mais à soixante ans, il fait peine à voir ; tout a baissé chez lui. Dépris du dessin, avec le sentiment d'avoir fini sa tâche, il ne s'intéresse plus qu'aux mathématiques et aux ragots des gazettes.

Et Philippe Burty qui, en 1878, promène un ventre bedonnant ?

Et Georges Hugo ? L'enfant aux cheveux blonds qu'Edmond avait connu si joli, le voici, à l'âge de vingt et un ans, gros, boursouflé, maladif.

En mars 1889, Maupassant revient d'Afrique ; il a changé à son avantage ; Goncourt se surprend à le trouver hâlé, amaigri, « moins commun d'aspect qu'à l'ordinaire ».

Edouard Rod, le romancier suisse, autrefois filiforme, a pris du poids.

Rosny, en 1895, est moins ergoteur que par le passé, et Jean Lorrain plus rose, après un séjour dans les Pyrénées.

Comment Proust, avec, sans doute, une ombre de jalousie, aurait-il pu n'être pas impressionné par les pages que Goncourt consacre à sa tante, Mme Nephtalie de Courmont ? Elles ont la patine et la mélancolie du temps retrouvé : « La rue de la Paix, quand j'y passe maintenant, il m'arrive parfois de ne plus la voir telle qu'elle est, de n'y pas lire les noms de Reboux, de Doucet, de Vever, de Worth, mais d'y chercher, sous des noms effacés dans ma mémoire, des boutiques et des commerces qui ne sont plus ceux d'aujourd'hui... (...) Et je m'étonne de ne plus trouver, à la place de la boutique du bijoutier Ravaut ou du parfumeur Guerlain, la pharmacie anglaise qui était à la droite ou à la gauche de la grande porte cochère qui porte le n° 15. Au-dessus, au premier, existait un grand appartement, qu'habitait ma tante, sous de hauts plafonds qui pénétraient mon enfance de respect. (...) De cet appartement où j'ai vu pour la première fois ma tante, il ne me reste qu'un souvenir, le souvenir d'un cabinet de toilette à la garniture d'innombrables flacons de cristal taillé et où la lumière du matin mettait des lueurs de saphir, d'améthyste, de rubis, et qui donnaient à ma jeune imagination, au sortir de la lecture d'*Aladin ou la lampe merveilleuse*, comme la sensation du transport de mon être dans le jardin aux fruits de pierre précieuse. »

Proust donc n'était pas tendre pour les Goncourt – ses pastiches en sont la preuve –, et s'il ne leur avait appliqué le principe de

« respectueuse précaution », l'année où il reçut le prix de leur Académie, il aurait déclaré le *Journal* non seulement « délicieux et divertissant [1] », mais cruel.

Dans un moment d'abandon, Mme Marx entretenait Edmond de l'effroi que lui causent ses yeux, parce qu'ils ont « l'air de fouiller au fond des gens ». Et dans l'ouverture du *Journal*, en décembre 1851, les Goncourt, tout agnostiques qu'ils sont, imaginent qu'au jour du Jugement dernier, ils devront rendre compte de ce à quoi ils ont prêté la « complicité » de leurs yeux.

Hautain, timide, peu bavard, Edmond est de ce fait bien armé pour jeter sur le monde le regard fouineur d'un chasseur tombé en arrêt. Voyez Clotilde, la belle-sœur de la Princesse, si férocement croquée, « une espèce de petite femme sans tournure, mal bâtie, avec, emmanchée au bout de cela, une tête aux gros yeux lourds et sans vie, à la mâchoire épaisse et forte, (...) le front bombé et bête ; l'air endormi, comme chloroformé ». Parfois, se

1. « Ce journal malgré tout, si calomnié, reste un livre délicieux et divertissant. » (Marcel Proust, *op. cit.*, p. 642.)

faisant myope, pour mieux coller à son objet, Edmond détaille le « décharnement cadavéreux » de la figure de Barrès, et, pour Dumas, la laideur des paupières, des paupières d'oiseau de proie.

Ces études, au sens graphique du terme, ont parfois valeur de mise en garde. A la répétition, fort applaudie, de *Numa Roumestan*, Goncourt examine Zola, très agacé par le succès de Daudet, « et dont les mains ont des mouvements nerveux, que je fais remarquer à Mme Daudet, des mouvements colères en contradiction avec la comédie bienveillante de sa figure ». Il y a contradiction aussi entre le titre auquel prétend Raffaelli conférencier – commis-voyageur de l'idéal – et ses jambes, rien moins que spirituelles, sur lesquelles Edmond abaisse les yeux, des jambes « canaille », « des *jambes de gargotier*, des jambes à l'image de celles qu'il prête aux bonshommes de ses compositions et qui ont l'air de gens ayant chié dans leurs culottes ». Dans le même ordre d'observations, la distinction physique de son ami de Fleury jure avec la « matérialité » de sa main.

Goncourt interroge les corps pour savoir à quoi s'en tenir ou bien confirmer un jugement : ici un dos qui sue la prétention, là des hommes dont le gros postérieur confesse « la dissimulation de la femme ». Peu lui importent, en revanche, personnellement, au cours d'un voyage, ces Allemandes pesantes et hideusement fagotées, qui ne trahissent leur sexe que « par la largeur d'un fessier anormal dans une culotte ».

Jamais les yeux de Goncourt ne sont au chômage. En attendant des livres, dans la salle de lecture de la Bibliothèque, il considère un bossu et se prononce : « ... tout le haut de la tête d'un bossu est dans le bas de la mâchoire. »

Les Goncourt scrutent, écoutent, transcrivent. Non seulement ils font vœu d'indiscrétion universelle, mais ils s'en targuent comme d'une entreprise d'utilité publique. Leurs contemporains leur devront de s'y retrouver tôt ou tard. Quel déshonneur, parfois, pour les familles, mais quel cadeau que de passer à la postérité ! Oui, je sais, déclare Goncourt à Jules Huret[1], l'inventeur de l'interview, « M. Renan me traite de *monsieur indiscret.*

1. Edmond et Jules de Goncourt, *Journal*, *op. cit.*, II, p. 855.

J'accepte le reproche, et n'en ai nulle honte, mes indiscrétions n'étant pas des *divulgations de la vie privée*, mais tout bonnement des divulgations de la pensée, des idées de mes contemporains : des documents pour l'histoire intellectuelle du siècle.

Oui, je le répète, insista M. de Goncourt avec un geste et un accent de conviction et de sincérité frappante, je n'en n'ai nulle honte, car depuis que le monde existe, les Mémoires un peu intéressants n'ont été faits que par des indiscrets... [1]. » Curieuse frontière, et combien indécise, que celle tracée par Goncourt entre la vie privée et l'autre, sauf à considérer que le croustillant et le vénérien ressortissent à la vie intellectuelle.

Ils sont, Edmond et Jules, l'indiscrétion incarnée. Se voudraient-ils pudiques, mesurés, taiseux, qu'ils n'y parviendraient pas, incapables qu'ils sont de se retenir, de garder par-

---

1. Dans un autre registre, mais qui concerne également l'histoire, les Goncourt célèbrent l'art du XVIIIe siècle, « un art indiscret par excellence qui ne respecte point de mystère dans la vie de la femme, et qui semble n'avoir jamais trouvé de porte fermée dans un appartement ». (Edmond et Jules de Goncourt, *La Femme au dix-huitième siècle,* chap. I.)

devers soi des détails fastidieux ou dégoûtants, de brider leurs pulsions. On leur sait gré de nous découvrir, au naturel, dans leur verdeur ou leur trivialité, Flaubert, Gavarni, Zola, mais l'on se serait passé d'apprendre que Daudet avait la *chiasse* en octobre 1877 ; qu'il souffrait d'un rhumatisme articulaire au bras droit pendant l'été de 1878 ; qu'en avril 1895, il avait pissé cinq fois en l'espace d'une soirée ; qu'en février 1896, il s'était blessé au pied dans l'escalier de sa belle-mère ; ou que le dimanche de Pâques 1880, la vessie de Zola avait donné des signes de faiblesse. Invités, ce jour-là, par Flaubert à Croisset, Daudet, Zola, Charpentier, Edmond de Goncourt étaient montés dans le train de Rouen. « Le bonheur de Zola est troublé par une grande préoccupation, la préoccupation s'il pourra, en ce train rapide, pisser à Paris, à Mantes, à Vernon. Le nombre de fois que l'auteur de *Nana* pisse ou du moins tente de pisser est inimaginable. »

Rien ne nous est épargné, ni les menus ragots (Charcot se rasant les tempes pour se faire un front de penseur), ni l'odeur de sperme qui flotte dans la chambre de Zola étudiant, ni le ventre en accordéon de la Lagier, ni même le dessèchement du « quant-à-soi » de Sarah

Bernhardt. Or, Goncourt ne ménage pas non plus sa personne. Le 8 mars 1889, déchiré par une colique, au Théâtre des Menus-Plaisirs, il nous dévoile son « envie de chier, sans connaître l'endroit de la délivrance ».

L'indiscrétion, telle que la comprennent les deux frères, déborde la définition ordinaire : dévoiler ce qu'il conviendrait, au nom de la morale ou des bienséances, de tenir caché. Aidé de ses rabatteurs, dont Jean Lorrain, l'indiscret méritoire est ce chasseur infatigable qui ne se contente pas de consigner mollement ce que lui apprennent ses yeux et ses oreilles. Il s'attache à poursuivre et à recueillir ce qui, sans lui, se perdrait, à jamais, de curieux.

Que Zola se confie à Daudet, et Daudet à Goncourt, le *Journal* du 10 juin 1888 en prend incontinent le relais. Daudet souffle à Goncourt, dans la forêt de Sénart : « "Oui, il n'y a que ma queue qui m'ait fait faire des actes pas bien... puis le plaisir de démoraliser... Oh ! je suis vicieux !" (...) Puis il me rappelait l'aveu de Zola qui, un jour, confessait qu'il serait enclin à aimer la petite fille qui *sent le pipi.* »

Il ne s'agit pas, on le voit, que d'art ou de littérature.

En juin 1879, dînant chez les Charpentier, avec Goncourt et Flaubert, Zola prend son thème sur les pratiques extra-conjugales d'Alphonse Daudet :

« Moi. – Non, qu'est-ce que vous racontez là ?

Zola. – Mais des choses parfaitement vraies !

Moi. – C'est pas possible !

Zola. – Mais si, je vous l'assure, il a le goût de prendre les femmes à l'envers.

Charpentier. – C'est donc pour cela, que lorsqu'il m'emmène avec lui à la brasserie de la rue Médicis, je l'entends, quand il entoure la taille d'une de ces femmes qui servent des bocks, je l'entends leur dire : "Comme je t'enc..."

Moi. – Messieurs, Daudet serait un érotomane, un cerveau où il y a une case malade ?

Zola. – Au fond, les femmes légitimes n'ont pas le sens commun... Si sa femme lui permettait ce que lui accordent les bonnes de la rue Médicis, ce serait l'intérieur le plus heureux de la terre... et le coureur deviendrait un caniche de fidélité. »

Edmond se mêle rarement aux débats, sinon de quelques mots qui ne tirent pas à conséquence. Il intervient plutôt comme l'animateur dont le souci est de laisser parler. Mais ici, dans cette brasserie, loin d'arrêter les médisances de Zola, il les relance et les attise, feignant de n'être pas au courant. Le stratagème est d'autant plus curieux que chacun des interlocuteurs sait parfaitement de quoi il retourne. Tout se passe comme si Goncourt et sa bande prenaient plaisir à réentendre, Daudet absent, un discours dont ce dernier les avait régalés en 1876, plus crûment encore. En effet, Daudet, au comble de l'excitation, n'avait pas craint de détailler ses galipettes : « Il me faut un débondement de mots sales, orduriers : "Viens que je t'encule !" Et ne vous y trompez pas, avec les femmes honnêtes !... Et les tempes pâles, la femme honnête se retourne pour vous dire : "Nom de Dieu, que je suis bien enculée !" »

Les contemporains des Goncourt ont-ils eu vent, plus ou moins, de ces horreurs ? Les neuf volumes du *Journal* parus de 1887 à 1896, et qui recouvrent les années 1851 à 1895, sont fortement expurgés [1]. Edmond distingue, à ce

---

1. Les onze cahiers du *Journal* comportent, tracés

propos, entre la « vérité agréable », la moins intéressante, selon lui, et la « vérité absolue », à ne délivrer que vingt ans après sa mort [1]. La vie des hommes, « grands ou petits », inlassablement observée, devrait apparaître alors dans toute sa lumière.

Mais rien de plus déconcertant que la distinction entre les deux vérités. Les Goncourt eux-mêmes y achoppent, la vérité qualifiée d'agréable ne l'étant pas forcément pour ceux qui en sont les bénéficiaires. Aussi Edmond prend-il, de temps à autre, la précaution de leur soumettre les pages qui les concernent. Le 20 février 1894, avant que ne paraisse, dans *L'Echo de Paris,* une partie du *Journal,* il en donne lecture aux Daudet, « un peu pour savoir ce qui pouvait leur être désagréable dans ce que je disais de très aimable d'eux ».

---

avec des plumes et des encres différentes, nombre d'ajouts, de coupures, de ratures, d'atténuations difficiles à dater. André Billy, dans sa *Vie des frères Goncourt, op. cit.,* III, donne, en fin de volume, la photocopie de plusieurs pages du manuscrit.

1. Pour diverses raisons, étudiées par Robert Ricatte, le *Journal,* dans sa version intégrale, ne verra le jour qu'en 1956. Cf. Edmond et Jules de Goncourt, *Journal, op. cit.,* I, p. 5 à 29.

Mme Daudet aura également entre les mains le manuscrit du huitième volume du *Journal*, « pour qu'elle vît si une de mes notes la blessait, la choquait. Et il s'est trouvé que le jour anniversaire de la mort de son père, elle lisait dans mon *Journal* un morceau ému sur cette mort ».

Les Daudet occupent dans la vie des Goncourt une place incommensurable. « Un ménage, écrit Edmond, qui ressemble un peu à celui que je faisais avec mon frère. »

Gentillesse d'Alphonse pour Edmond : à Champrosay, il prend l'habitude de monter dans sa chambre le coucher. Interventions d'Edmond : les Daudet, grâce à lui, font leur entrée dans l'univers de la Princesse.

C'est Daudet, premier lecteur de ces mémoires, qui avait incité les Goncourt à en publier des fragments. L'intérêt « des choses racontées sous le coup de l'impression » le remplissait d'enthousiasme. Un jour sombre de 1894, les Daudet, d'une seule voix, « sans ressentiment et sans récrimination », représenteront à Goncourt tout ce que le *Journal*, dont huit volumes ont paru, a fait lever d'hostile contre eux. Mais, en 1871, comment l'auraient-ils pressenti ? Comment se seraient-ils doutés que la discipline quasi quotidienne de l'indiscret, je devrais dire sa déontologie, lui commande de tout sauvegarder ? Le cœur est hors de cause. Amis, parents, adversaires sont logés à la même enseigne. La liste serait longue des petites indiscrétions qui fâchent ou mécontentent. Nous parlons trop, nous nous confions trop, marmonnait Daudet.

Cependant, Edmond se fait le greffier des doléances de Mme Daudet. Alphonse avait, au début de son mariage, des accès de colère qui lui faisaient jeter à terre son encrier, sa lampe à huile.

Alphonse n'est pas en reste. Le 13 mars 1877, il rappelle à sa femme, imprudemment aussi, Edmond étant présent, qu'elle a été, jadis, insensible aux malheurs des autres. « Elle répond très franchement que cela n'est plus, mais que cela était autrefois... » Le temps ayant passé, elle n'est plus la même. Tel est le décalage, non seulement entre l'épouse, encore jeune, il est vrai [1], et l'adolescente, mais entre la rédaction du *Journal* et la date de sa publication. C'est avec quatorze ans de retard que

1. S'étant mariée en 1867, à l'âge de vingt ans, avec Alphonse Daudet.

Goncourt donne lecture aux Daudet de ce passage : « ... et je rencontre toutes sortes d'hésitations de la part de la mère et de la fille à laisser passer le morceau de la jeune fille tout heureuse, sans attendrissement de sa pitié pour les malheureux. » Edmond, chiffonné, ne retouchera pas sa copie. « Vraiment, conclut-il, de petites cervelles, les femmes ! » La cadette qui intervient, c'est Edmée, sa filleule, qu'il avait jugée minuscule à sa naissance : « Mais elle est très grande, me dit gaiement la mère de son lit : elle pèse sept livres et demie, le poids d'un gigot pour douze personnes. » Dans le tome VI du *Journal*, Mme Daudet se vexera de voir imprimée la comparaison de sa fille avec un gigot de sept livres. Elle s'irritera plus encore de trouver dans une interview de Goncourt, après une défense – qui ne devait pas l'étonner – du célibat de l'homme de lettres, cette maxime d'une odieuse noirceur : « Quand il y a une saleté de faite dans un ménage, – entendez-moi bien, je veux dire une action pas très noble, une faiblesse morale quelconque, – c'est presque toujours la femme qui en est l'instigatrice. » Edmond se laissait-il emporter par sa misogynie ? Ou bien songeait-il à un couple de sa connaissance ? En tout cas,

Mme Daudet se sent visée. Elle lui en voudra aussi de ne pas encenser son œuvre littéraire. Il avait dit le plus grand bien de sa poésie sur le nid fait avec les fils de sa broderie, mais émis quelques réserves sur une description de mur, trop féminine, sans originalité ; Mme Daudet l'avait mal pris.

De quoi sera-t-il accusé encore ? D'avoir reproché à Daudet sa condescendance pour l'opinion des hommes et des femmes du monde ? D'avoir, retour d'une soirée chez les Daudet, fait allusion, mais « très gentiment », à leurs accès de mélancolie ? D'oser, de temps à autre, quelques réserves sur la femme ou le mari ? « Mais si ça était, le mal que je dirai de vous, ça hurlerait avec tout le bien que j'en ai imprimé. »

D'aucuns murmurent que les Daudet devraient interdire que paraissent des détails « d'une intimité si intime [1] ». Mais nul ne

1. Dans *Charles Demailly* (chap. LXXV), les indiscrétions jetées dans le rire de la conversation s'oublient et se pardonnent aisément, contrairement aux « indiscrétions écrites, publiées et venant au public ». Moins anxieux que sa femme, sans doute parce qu'il se voit survivre littérairement par le *Journal*, Alphonse se contente de cocher çà et là « deux ou trois petites choses qui ne l'ont pas blessé, mais qu'il aurait préféré

conçoit ni n'apprécie l'engagement pris par Goncourt de tout consigner, absolument tout, des seuls êtres qu'il aime depuis la disparition de son frère. L'amitié sans complaisance qui l'unit aux Daudet, lui commande une indiscrétion sans faille, de tous les instants, et combien éprouvante, car il est agité par la crainte et de trop dire – pour sa tranquillité – et de ne pas tout dire. Cette amitié monumentale, exceptionnelle dans l'histoire des lettres, expliquerait, d'après lui, l'hostilité qu'il rencontre et les coups qui lui sont portés.

Jaloux de l'intimité de Goncourt avec les Daudet, beaucoup s'emploient, en effet, à les désunir, émoustillés par le *Journal*. En ne ménageant personne, Goncourt préparait la voie de ses détracteurs. L'échotier le moins averti pouvait, en un rien de temps, y faire provision de remontrances. Comment ne pas s'étonner, lit-on dans *L'Echo de Paris*, qu'un ami digne de ce nom dévoile traîtreusement, impudiquement, dans ses moindres accidents, l'état de santé de son ami ? Goncourt, il est vrai, ne cesse d'évoquer le corps souffrant de

ne pas y voir », par exemple l'idée du suicide qui lui vient en 1885 de sa maladie.

Daudet, sa démarche chancelante, sa morphinomanie, sa « cervelle maladive », son irritabilité morbide, par exemple à propos de son porte-plume dont se sert Lucien, son second fils.

La société des Goncourt est peuplée de gens fort excités à la pensée, délicieuse, de dénigrer ou de brouiller des amis. Ainsi, Mme de Nittis, épouse de Giuseppe, peintre paysagiste de la vie parisienne, hait Mme Daudet, et vice versa, chacune des parties accusant Edmond de ne pas trancher entre elles, ce qui serait l'unique façon de se conduire honorablement. Mais comme il se sent heureux dans la maison charmante où Giuseppe, d'origine napolitaine, lui prépare de grandes platées de macaronis, Edmond souhaiterait conserver ce ménage « enlaçant » et gai sans pour autant renier les Daudet. L'ennuyeux, c'est que les de Nittis sont terribles « avec les nerfs qu'ils apportent aux choses de la vie ». Le 8 décembre 1883, Edmond apprend qu'ils se sont fâchés, « sans explication, fâchés à mort avec les Daudet sur le racontar, que Daudet aurait dit qu'ils m'empêchaient de me marier pour capter ma succession. (...) Au fond, le ménage voudrait que je me brouille absolument avec les Daudet et je ne le puis, parce que j'aime les Daudet et qu'ils m'ont donné des témoignages de la plus sérieuse affection. Cette scène m'a rendu malade, je n'ai pas dormi de la nuit... »

Gentille, écrit Goncourt de Mme de Nittis, mais folle, comme tant d'autres femmes qu'on croirait lâchées dans le monde par Charcot. Au seul nom de Daudet, elle entre en fureur. Sans rompre avec ce « ménage de drame » auquel il doit tant de soirées de bonheur, Edmond, harcelé, s'en éloigne bientôt. Giuseppe de Nittis meurt subitement, à l'âge de trente-huit ans, d'une congestion cérébrale, pendant le torride été de 1894. Songeant à des couples qui ne s'aiment pas, et qui ont, eux, obtenu une longue vie, Mme de Nittis, de plus en plus dérangée, finira par imaginer, entre son mari et Daudet, un duel où des élèves de l'Ecole polytechnique remplaceraient, l'épée à la main, son défunt mari.

A la merci du premier papillon noir qui lui traverse la cervelle, Mme Daudet se mange les sangs. N'a-t-elle pas lu, dans une interview de Jean Lorrain, que le *Journal* posthume des Goncourt était cruel pour son ménage, cruel et irrécusable, parce que rapportant les choses telles quelles, sans porter de jugements ? Est-ce possible ?

Sans la démentir, Edmond murmure en aparté : « Ah ! vraiment, c'est abominable ! Et ce Lorrain, quelle ténébreuse et inconsciente nature est-ce ? Les Daudet, les seuls êtres que j'aime, les seuls êtres desquels, quand quelque chose chez eux ne m'a pas paru parfait, je n'ai pas voulu dire... Et jamais, avec n'importe qui, une parole qui n'ait été une profession de la plus chaude amitié pour eux ! »

Est-il vrai qu'Edmond, en compagnie de Lorrain, ait déblatéré contre les Daudet dans un lieu public ? Nous sommes en 1894, année périlleuse pour l'amitié de Daudet et de Goncourt. C'est Alphonse qui, incidemment, pose la question :

« — Vous dites ?... Jamais je n'ai déjeuné ou dîné avec Lorrain dans un café, un restaurant ou un bouillon... Je n'ai même jamais pris un bock avec lui (...), ce que j'aurais fait avec plaisir, mais dont j'ai été empêché, vous le savez, par la réputation qu'il a... Et vous me connaissez, je ne mens jamais !

— Oui, c'est vrai, vous ne mentez pas... Ça me fait plaisir, ce que vous me dites là !...

J'aurais voulu que ma femme vous entendît, parce qu'on lui avait raconté, raconté des choses... et qu'elle avait dit qu'elle ne vous en parlerait jamais. »

En 1896, quelques semaines avant sa mort, Edmond, coupable, aux yeux de Mme Daudet, d'entretenir des relations d'amitié avec une dame de ses ennemies, se lasse d'avoir à se justifier : « Ai-je toujours besoin de me défendre près de vous à l'encontre des gens qui vous ont raconté que je disais du mal de vous dans les restaurants et les cafés, où jamais de ma vie je ne me suis trouvé en compagnie de Lorrain ? »

Potiner : le mot apparaît à point nommé dans les années 1867-1871. Des médisants et des potiniers, il en est de toutes sortes, aigris, envieux, ou bavards de nature, qui courent les rues et les salons, les bureaux de rédaction, les corridors de théâtre. Bloy relève des plagiats dans l'œuvre de Daudet ou soutient que Goncourt est *confisqué* par son ménage ; Barrès, ce « jeune faux bonhomme », médit en catimini ; Mme de Nittis, n'obtenant pas la rupture qu'elle concocte, se régale à mettre

Goncourt cent mille pieds au-dessous de Daudet.

Si l'on affectait certains habitués du *Journal* d'un coefficient de mauvaiseté, le plus élevé reviendrait à Heredia, « retentissant colporteur de cancans sinistres », « colporteur patenté des propos empoisonnés ». Zola, le rencontrant aux eaux, l'entend éreinter vivement Goncourt et Daudet. « Du reste, note Goncourt avec mépris, pour faire la cour à l'homme auquel il parle, le Cubain [1] dans lequel il y a de la bassesse de nègre, est capable des plus féroces immolations générales. » A plusieurs reprises, écœuré par la mauvaise nature d'Heredia, ce créole qui se prend pour un Blanc, Edmond lui trouve la mimique et le rire d'un nègre « qui se verrait en cravate blanche ».

On imagine Daudet se mordant les doigts non seulement de s'être laissé surprendre complètement nu avec une personne du beau sexe par Mme Daudet, mais d'avoir raconté la scène à Heredia, le « plus terrible colporteur de potins et de cancans méchants ».

Heredia ne sera pas pour autant mis en qua-

1. José Maria de Heredia est né en 1842 aux environs de Santa Maria de Cuba.

rantaine. Il figure parmi les premiers invités du *Grenier*[1]. Au banquet organisé en mars 1895 pour la Légion d'honneur de Goncourt, il porte un toast à ses noces d'or avec la littérature.

Tout autre est Jean Lorrain, ce sacré Lorrain, cette mauvaise langue, ce potineur hystérique, cet être double, ce Chinois[2]. Fâché ou bien sous le charme, Goncourt entretient avec lui des rapports singuliers. Il passe des après-midi entières à l'écouter, « tout bondé » d'anecdotes et de ragots, aussi précieux qu'horripilant, l'informant et le compromettant sans cesse, et ensemençant pour une bonne part le *Journal*.

Un méchant ? Edmond ne le tient pas pour tel. Mais un être redoutable, physiquement aussi, prêt à en découdre, infatigable, à voile et

1. Le *Grenier*, présenté par Edmond comme un « microcosme de choses de goût, d'objets d'élection, de *jolités* rarissimes », c'est le second étage de la maison des Goncourt, à Auteuil, aménagé pour y recevoir, chaque dimanche, hommes de lettres et chroniqueurs. On y voyait, d'après *Le Figaro*, des gens dûment brouillés. Il fut ouvert le 1er février 1885.

2. Expressions de Goncourt.

à vapeur, frayant avec les femmes à diamants comme avec les voyous à casquette. A peine s'est-il fait cureter les boyaux, qu'il replonge dans la pègre.

Parce qu'il se moque du qu'en-dira-t-on, ses intrigues et ses clabauderies suscitent, plutôt que de la fureur, un sentiment d'impuissance et de lassitude. « Ce Lorrain !... Ah ! ce Lorrain !... » gémit Mme Daudet. On cherche à le fléchir, à le retenir, on lui propose des traités, on négocie avec lui des cessez-le-feu. Edmond le conjure, mais en vain, d'épargner dans ses articles Mlle Abbatucci, demoiselle d'honneur de la Princesse. Sarah Bernhardt le supplie de ne plus attaquer Montesquiou, tandis qu'Henry Bauër, le critique dramatique de *L'Echo de Paris,* lui propose de ne plus jamais parler d'Antoine, en échange de quoi il éreintera Montesquiou.

Capricieux Lorrain, si sûr de son impunité qu'il en vient à bouder Goncourt pour l'avoir grondé d'échigner les gens qu'il rencontre chez lui. Pendant quinze jours, on ne le reverra pas au *Grenier.* Rien ne l'amuse plus que de répéter : « Daudet doit être furieux contre Goncourt ! » Le talon d'Achille d'Edmond, c'est évidemment sa complicité avec Daudet.

L'indiscrétion des frères Goncourt

Invité à la générale de *La Lutte pour la vie*, Lorrain fait sur la pièce l'article le plus perfide et pour l'auteur, Daudet, et pour son amitié avec Edmond [1]. Daudet, furieux, « déclare que s'il avait eu des jambes, il aurait été le gifler ». Pour Goncourt, du bout des lèvres il accorde à Lorrain les circonstances atténuantes : « Cet être, je crois, est le domestique de sa plume, qui l'emmène là où il n'a pas le dessein d'aller. Je le crois aussi de la race assez nombreuse des inconscients, car sans cela... »

1. C'est dans cet article de *L'Evénement* que Lorrain soupçonne Daudet de guetter l'héritage de Goncourt. (*Journal, op. cit.*, III, p. 1062.)

Mémoire et Mémoires

Admirons que les Goncourt soient capables de rapporter si précisément ce qu'ils voient et ce qu'ils entendent, et jusqu'au décousu des propos.

Le 27 juin 1863, retour de chez Magny, ils parviennent à restituer toutes les voix haletantes d'une conversation vagabonde, de plus en plus confuse et inaudible, soit quatre grandes pages du *Journal*. Dans le désordre d'une soirée fort arrosée, Sainte-Beuve poussant à la boisson, une quinzaine de convives, dont Jules, Edmond, Gautier, Taine, Soulier, Renan, Gavarni, sautent du coq-à-l'âne et lâchent à la va-vite, sur une multitude de sujets, des clichés, des paradoxes, des commentaires abracadabrants. Les bourgeois ? s'exclame Gautier. « Il se passe des choses énormes chez les bourgeois. J'ai passé dans quelques intérieurs, c'est à se voiler la face. La tribaderie est à l'état normal, l'inceste en permanence et la bestialité... » Taine voudrait savoir ce qu'il comprend par « bourgeois », et de citer quinze femmes de bourgeois dont il garantit la pureté. Peut-être n'y ont-elles aucun mérite, car elles sont, à Angers, étroitement surveillées. A moins, suggère Saint-Victor, que ne manquent les occasions : « Angers ? Mais c'est plein de pédérastes ! »

De qui, de quoi ne sera-t-il pas question ? De George Sand portée aux nues par Renan, la table faisant « Oh !... Ah !... Hi !... ». De Hugo, cet « immense événement », de Musset, de la femme française, de la prostitution, de la procréation, etc. Dans le brouhaha final, quelqu'un ayant crié « On ne s'entend pas ! », Gavarni conclut : « On s'entend trop », et la séance est levée.

Avaient-ils si bonne mémoire ? Evoquant les Goncourt avec André Gide, en janvier 1902, Jacques-Emile Blanche soutient, fort de ses souvenirs, qu'ils n'étaient pas intelligents, que leur journal est faux, que des conversations merveilleuses auxquelles ils avaient assisté, ils ne rapportaient que des bribes, enfin qu'ils interprétaient tout de travers : « Tenez : je me souviens d'un admirable dîner que je fis avec mon père, Edmond de Goncourt et Sardou. Sardou fut étourdissant, éblouissant de verve ; il parla, durant presque tout le dîner, de la Révolution française ; Goncourt ne disait rien, mais faisait à mon père des gestes indignés ; il avait l'air de lui dire : "L'entendez-vous ? L'entendez-vous ?" Le soir, nous reconduisons Goncourt en voiture, ainsi que nous faisions très souvent. Sitôt quitté Sardou, Goncourt commence : "Non ! Mais l'avez-vous entendu ?... Et c'est devant moi, Goncourt, l'historien de la Révolution, moi qui, etc., qu'il ose raconter... Mais cela fourmillait d'erreurs..." Et je suis convaincu, ajouta Blanche, que c'est Goncourt qui se trompait... Car, à un certain moment du dîner, Goncourt ayant voulu contredire, Sardou l'avait tout aussitôt *collé* comme un élève. Il ne savait pas écouter. Il ne comprenait pas ce qui était intéressant [1]. »

Goncourt n'avait guère de sympathie pour Blanche ; il lui trouvait une bouche de femme,

1. André Gide, *Journal* (1887-1925), éd. E. Marty, Bibl. de la Pléiade, 1996, p. 330-31.

impression corroborée par la méprise du petit Jeanniot, fils de l'illustrateur de Goncourt et de Daudet. Considérant que Blanche avait tout de la vieille demoiselle, l'enfant lui avait baisé la main.

La princesse Mathilde avait, le soir en question, partagé l'agacement de Goncourt : « "J'ai les oreilles déchirées par ce flux de paroles... et on appelle ça un causeur!" C'est la Princesse qui me jette cela dans l'oreille, en sortant de table d'auprès de Sardou, qui n'a cessé de parler. L'amusant, c'est que tout le temps, il a fait l'histoire de la prison de Marie-Antoinette d'après mon livre et que Ganderax et le jeune Blanche riaient de mon silence gouailleur. Il est bavard, bavard, ce Sardou... »

L'on ne voit vraiment pas pourquoi Edmond, auteur, avec son frère, d'une *Histoire de Marie-Antoinette,* s'en laisserait conter par l'auteur de *Madame Sans-Gêne.* Ils étaient, Jules et lui, des pionniers. A telle enseigne que, en 1854-55, pour leur *Histoire de la société française pendant la Révolution* et leur *Histoire de la société française pendant le Directoire*, la commission des prix de l'Académie les avait boudés. Ils avaient rendu visite à M. de Montalembert en son hôtel de la rue du Bac. « Ce sont, leur explique-t-il, des vivacités de style qui vous ont écarté. L'Académie est une dame qui n'aime pas ces choses-là... » Appréciant leur méthode, M. de Montalembert regrette qu'ils n'aient pu, de surcroît, recueillir en province la tradition orale. « Chose perdue pour plus tard. » Flaubert, remerciant les Goncourt de leurs envois, jubile : « Cela est de l'histoire, il me semble, et de l'histoire originale. »

Foin des lourdes compilations de leurs prédécesseurs ! Les Goncourt proposent des sources inexplorées, une nouvelle histoire, en demandant leurs documents « aux journaux, aux brochures, à tout ce monde de papier mort et méprisé jusqu'ici, aux autographes, aux gravures, aux dessins, aux tableaux, à tous les monuments intimes qu'une époque laisse derrière elle pour être sa confession et sa résurrection ». C'est aussi le ton et l'ambition du *Journal*.

La vie sociale, les interstices et les murmures de l'histoire l'emportent sur le fracas et le pittoresque des événements. Dans le *Cabinet de travail* qui occupe trois cents pages de *La Maison d'un artiste,* soit la moitié du livre, Edmond prévoit, pour le libraire chargé de la vente après sa mort, cet intitulé :

Bibliothèque du XVIIIe siècle
Livres, Manuscrits, Autographes, Affiches, Placards

Odeur de l'inédit : la tendresse des deux frères va aux archives, aux inventaires, aux manuscrits et aux correspondances qu'ils achètent dans les salles des ventes : « Et même dans l'imprimé, le morceau de papier qui n'était pas un livre, et dont je fabriquais un livre, au moins une plaquette, avait pour moi une attache supérieure à celle d'un bouquin vanté. Par exemple, le petit bulletin déposé chez les suisses des hôtels pendant la maladie de Louis XV, m'est plus précieux, m'est plus intime, m'est plus inspirateur, que quelque livre que ce soit du temps [1]. »

Aussi Goncourt monte-t-il sur ses grands

1. Edmond de Goncourt, *La Maison d'un artiste,* Charpentier, 1881, I, p. 239-40.

chevaux quand Albert de Broglie, dans une préface de 1882, « célèbre comme une nouveauté l'utilité de la lettre autographe, au point de vue historique » : « Il y a à peu près vingt ans que mon frère et moi l'avons faite, cette préface, en tête des *Portraits intimes du XVIII*^e^ *siècle.* » Qu'il s'agisse d'histoire ou de littérature, les Goncourt n'admettent pas qu'on leur dame le pion.

Le paysage parisien

Est-on parisien avant d'être français ? Taine, Sainte-Beuve, les Goncourt, réunis chez Magny en 1863, remettent la question sur le tapis. D'accord pour reconnaître que, contrairement à ce qui se passe ailleurs, en Angleterre ou en Allemagne, dans des villes de seconde ou de troisième importance, la province française est quasiment inerte, intellectuellement assoupie, impossible à galvaniser. Pourquoi, sans cela, quitterait-on Poitiers ou Angoulême ? Bref, Paris attire tout, absorbe tout, fait tout.

Voilà qui intrigue Nietzsche. Les Goncourt, note-t-il, et il les a bien lus, sont incapables de se défaire de leur ville : « *Zuletzt werden sie Paris nicht los* [1]. » Edmond en convient allè-

1. N'allons pas croire pour autant, que Nietzsche renâcle à Paris. Il n'a cessé, dans ses lettres, d'exprimer son désir d'y passer au moins un an avec son ami Erwin

grement : « Moi, il n'y a que les êtres parisiens qui m'intéressent... Les paysans, tout le reste de l'humanité entière, c'est pour moi de l'histoire naturelle... » D'où sa réticence au fond normand de Maupassant qui l'insupporte, de Flaubert qu'il affectionne [1], tout en le

---

Rohde. Du reste, il avait envisagé de poursuivre à la Bibiothèque nationale ses travaux de philologie grecque et romaine.

Le 10 novembre 1887, il écrit à Heinrich Köselitz : « Le deuxième tome du *Journal* des Goncourt vient de paraître : la plus intéressante des nouveautés. Elle concerne les années 1862-65. Y sont décrits, comme si l'on y était, ces dîners qui réunissaient deux fois par mois les Parisiens les plus spirituels et les plus sceptiques (Sainte-Beuve, Flaubert, Th. Gautier, Taine, Renan, les Goncourt, Scherer, Gavarni, Tourgueniev à l'occasion, etc.). Une alternance de pessimisme exacerbé, de cynisme, de nihilisme, avec beaucoup d'exubérance et de bonne humeur ; cette bande, je n'y aurais pas été déplacé – je connais ces messieurs par cœur, à tel point que j'en suis lassé. On se doit d'être plus radical : au fond, il leur manque à tous le principal – "**la force**" (en français dans le texte). » (Friedrich Nietzsche, *Sämtliche Briefe,* 8 vol., éd. G. Colli et M. Montinari, de Gruyter, 1986.)

Pour diverses raisons, de santé et d'argent, Nietzsche ne fera jamais le voyage de Paris.

1. « Plus Flaubert avance en âge, plus il se provincialise », écrit encore Edmond le 3 mai 1873.

suspectant d'avoir parcouru l'Egypte, si dangereusement, pour épater les Rouennais au retour. Bien que les Goncourt l'aient prié de leur lire un peu – pas trop – de ses carnets de voyage, insensibles qu'ils sont aux souffrances et aux difficultés de l'expédition, eux qui se sont si rarement déplacés, ils ne l'écoutent que d'une oreille, poursuivant dans leur for intérieur un commentaire dont le motif récurrent serait l'orgueil ou la vanité de l'écrivain normand.

Ce fond provincial, horripilant, que les Goncourt décèlent jusque dans les héros d'Homère, expliquerait non seulement l'entêtement, la pose studieuse et l'empâtement de Flaubert, mais quelques-uns de ses succès littéraires : « On a bien fait de naître normand en littérature. Nous le voyons par Flaubert vivant et par Bouilhet mort. On parle déjà, à propos de Bouilhet, de lui élever un monument à l'instar de son compatriote Corneille... »

Méditant certaine injustice de Tourgueniev à l'égard de Daudet et des Goncourt, Edmond en vient à se persuader que les étrangers et les provinciaux sont désarçonnés par ce don tout parisien qu'est l'ironie, et dont ils n'ont pas la clef : « Tourgueniev, cette intelligence fine et distinguée, n'était à l'aise qu'avec les gros esprits comme ceux de Flaubert et de Zola. »

Cependant Flaubert revendique vivement ses origines. Et c'est bien parce que les Goncourt le jugent trop sain, trop robuste [1], trop pléthorique, ou, pour reprendre le vocable de Nietzsche, « campagnardisé », que la visite de Mme Arnoux à Frédéric, dans *L'Education sentimentale,* les stupéfie, les émerveille, malgré quelques joliesses au lieu de la « véritable langue parlée ayant cours dans la vie » : « Toutefois, il faut l'avouer, il y a une délicatesse de cette scène tout à fait surprenante pour ceux qui ont connu l'auteur. »

On ne pouvait offenser plus gravement Edmond de Goncourt qu'en le peignant comme un monsieur venu de sa province.

1. A Philippe Burty qui demande aux Goncourt s'ils apprécient *L'Education sentimentale*, Edmond répond : « Nous pensons que notre ami a un très grand talent, mais un talent plus propre à peindre la vie provinciale que la vie parisienne. Il nous semble trop gros, trop fort, trop bien-portant pour donner le *nuancé* des types et des existences de la capitale de la vieille civilisation... » Lettre de novembre 1869, citée par Alidor Delzant, *Les Goncourt*, Charpentier, 1889, p. 244.

Ainsi fait Robert de Bonnières, en 1891, dans un article du *Figaro,* article dicté, d'après Lorrain, par une affaire de femme. Edmond, courroucé, précise que ses parents « étaient des gens habitant Paris et qui, après leur mariage, avaient essayé d'un séjour en province [1] ».

La parisianité, c'est d'abord l'ivresse de la parole. A chaque page du *Journal* on dit, on voit, on apprend que... L'indiscrétion des Goncourt ne va évidemment pas sans une population d'indiscrets [2], les uns lâchant le morceau par étourderie, d'autres par inaptitude à la dissimulation, d'autres, enfin, de propos délibéré, sataniques, comme en service.

Ces « bébés compliqués », les Goncourt, note gaîment Céline, mais guère plus compliqués que leurs semblables. Car la vie mondaine, telle que l'analyse Edmond dans la

1. « Il est parisien mais d'origine lorraine; lorrain par la prestance, parisien par la finesse! » remarque Alphonse Daudet dans la *Revue de France* du 15 mars 1879.

2. Cette population s'accroît avec le temps. Aussi les Goncourt réclament-ils l'indulgence de leurs lecteurs pour les premières années du *Journal.* Leurs relations étaient alors très restreintes, « et, par conséquent, le champ de (leurs) observations assez borné ».

préface des *Frères Zemganno,* est tissée de nuances, de demi-teintes, de gestes subtils, de riens quasi volatils, que le romancier devra reconnaître et attraper si possible. « L'intérieur d'un ouvrier, d'une ouvrière, écrit-il, un observateur l'emporte en une visite ; un salon parisien, il faut user la soie de ses fauteuils pour en surprendre l'âme... »

De la princesse Mathilde au plus obscur des journalistes, cette société étonne par une susceptibilité de tous les instants. Les Goncourt ne manquent pas de relever, car tout compte sous leur plume, les manières de la princesse Mathilde [1], sa délicatesse ou son indifférence, ses caprices et ses colères. Elle en veut à Flaubert comme d'un crime, de fréquenter le salon de Mme Tourbey, courtisane aimée du prince Napoléon. Elle ne pardonne pas davantage à Sainte-Beuve, ce « mauvais homme », cet ingrat, d'avoir, en 1869, quelques mois avant sa mort, signé avec *Le Temps,* où travaillent les plumitifs ennemis de la famille impériale. La

1. Goncourt ayant affirmé la supériorité du rôti à la broche sur le rôti au four, la Princesse le traite de maniaque et de malade. Mais c'est lui qui avait raison, me dit un grand chef alsacien.

terrible scène qu'elle fit à Sainte-Beuve, elle la revit en présence de Goncourt qui relate superbement : « Et elle suffoque, elle étouffe, elle se bat la gorge avec le haut de sa robe brodée, qu'elle agite à deux mains ; et des larmes qu'elle dévore lui montent dans la voix, que l'émotion étrangle par moments : "Enfin, je ne parle pas de la princesse, mais la femme, la femme !..." Et me secouant par mes revers d'habit, comme pour m'enfoncer son indignation et m'en remuer la poitrine : "Voyons, Goncourt, n'est-ce pas, c'est indigne ?" »

Accusé de diffamation par Jules Troubat, l'ancien secrétaire de Sainte-Beuve, pour avoir rapporté mot à mot la scène en question, Edmond s'en justifie auprès de la Princesse : « ... je désirais que la postérité eût un échantillon de son éloquence *napoléonienne.* » Une indiscrétion, plaide-t-il, qui ne peut que servir sa mémoire !

Hormis les spécialistes, qui connaît encore Troubat ? Et Primoli, « l'homme le plus invité de Paris » ? Et Louis Pilate de Brinn'Gaubast, le secrétaire d'Alphonse Daudet ? Que de noms ignorés du profane ! Des milliers de personnages, ressuscités dans le *Journal*, nous incitent à l'aborder comme une œuvre de fiction. Il n'est pas jusqu'aux écrivains feuilletés sur les bancs du lycée, qui ne nous surprennent ici comme des nouveaux venus. Prenez Gautier : on lui reprochait de ne pas travailler en profondeur. Rien de plus vrai : il caresse la pierre ou le marbre des statues. « Et le voilà à nous décrire la pine grecque et comme l'ingénuité du phallus, de ces couilles de jeunes gens studieux, dont parle Aristophane, qui remontent comme des olives. »

Le *Journal* se découvre comme une suite d'affrontements, tantôt feutrés, tantôt violents, et souvent puérils. Mme Daudet s'emporte contre Edmond à propos de deux dîners acceptés chez Zola et chez Rodenbach, « dîners qui devaient avoir lieu en son absence ». Or, les Daudet étaient rentrés inopinément d'Italie. On imagine Nietzsche fronçant les sourcils devant de tels enfantillages. Souvent, la bouderie, la rancune, l'hostilité s'expriment par le simple refus d'un salut, d'une poignée de main.

Blessé par une chronique où Anatole France blâmait les Goncourt de leur vision pessimiste, Edmond avait cessé de lui envoyer ses livres. Mais France s'était racheté dans un article du

Temps. Edmond, le rencontrant, lui rend alors son salut. Le romanesque, en l'occurrence, se nourrit de ces riens qui se dissiperaient promptement si l'imprimé ne leur conférait un pouvoir.

Pour un méchant article du *Figaro*, la Princesse refuse sa main à Bonnières, « refus imprimé dans *La Vie parisienne* ».

Vexé par une note critique, mais pleine d'égards, de Bing, le galeriste, à propos d'une biographie de Hokusai, Edmond de Goncourt, éminent interprète de l'art japonais du XVIIIe siècle, prend la mouche. Trois mois plus tard, lors d'une exposition d'Eugène Carrière, le peintre du *Baiser maternel*, il tombe sur Bing, « ce sale et bas Juif, qui m'a fait cette attaque perfide, et qui s'accroche à moi, me force à lui donner la main, (...) me comble de ses *mamours* et me tend à la porte une main que je ne prends pas [1]. »

Comment expliquer que, dans le salon de la Princesse, Goncourt ne salue pas Jules Lemaî-

1. Bing n'en sera pas moins chargé, après la mort d'Edmond, de la vente de ses chinoiseries et de ses japonaiseries. (Troisième codicille du testament d'Edmond de Goncourt, 7 mai 1892.)

tre et que, s'il serre la main de Maupassant, c'est sans lui adresser la parole ? Il suffit, pour résoudre l'énigme, d'assembler les éléments du puzzle en se remémorant deux ou trois incidents antérieurs. Lemaître, « sale gueule » et « hypocrite figure », est puni le 13 mars 1889 d'avoir, le jeudi 10 janvier, traité *Germinie Lacerteux* de pièce ignominieuse. Quant à Maupassant, le « vilain Normand », le « fourbe », Edmond le soupçonne d'avoir, en juin 1888, nourri de ses ragots un article insultant pour les Daudet, tout en protestant de son amitié au ménage. Goncourt, dût-il déplaire à la Princesse, ne mâche pas ses mots.

Un différend très subtil, et qui demande réflexion, oppose Heredia à Henry Becque, l'auteur dramatique. Heredia entre dans un salon et lui tend la main. Becque ne lui accorde que le bout d'un doigt, déterminé qu'il est à se fâcher avec lui. Il en a gros sur le cœur, d'abord parce que Heredia, en société, lui coupe ses effets. Mais, qui pis est, il lui offre en public de somptueux cigares qui insultent à sa pauvreté. Un témoin est choisi, le général Thomas, qui, au bout d'une interminable négociation, obtient que soit dressé un procès-verbal « en vertu duquel la première fois que

Becque rencontrerait Heredia, il devait lui tendre la main, avec la faculté, pour Heredia, de la prendre ou de la refuser ».

Zola et Degas, qui ne s'aiment pas, choisissent de composer. Rien de plus curieux que leur rencontre « et la poignée de main de deux méchancetés noires ». Daudet assistait à la scène.

Mais pourquoi Henri Céard, le 8 décembre 1891, chez les Charpentier, serre-t-il si tendrement la main d'Edmond ? Celui-ci en est réduit à des conjectures : « Qu'est-ce qui amène ce changement ? »

Une tout autre poignée de main : celle, humide, du joli marin décolleté que Loti a fait inviter chez les Daudet.

On devine qu'il ne s'agit plus ici de banale politesse, et que la poignée de main, quand elle ne se réduit pas à un salut mécanique, signifie, selon les cas, duplicité, reddition ou bien franche cordialité [1]. Or une autre question se

1. « ... ce qui se passe dans mon cœur perce à travers ma figure et ma poignée de main » (Goncourt à Zola, 14 octobre 1887).

pose à travers une mésaventure de Daudet, en 1888 : peut-on abandonner sa main, puis résilier son geste ? La scène se passe dans le cabinet de Charpentier, l'éditeur des écrivains naturalistes. Daudet est en train de bavarder avec Zola, sur un divan. Entre Ollendorff qui lui serre la main. Daudet n'y prend pas garde et c'est seulement ensuite qu'il reconnaît à qui il a affaire : « Est-ce que vous n'êtes pas monsieur Ollendorff ?... Mais c'est une surprise... Je vous retire la poignée de main que je vous ai donnée et je vous défends à l'avenir de recommencer... » Voyons-y plus clair. Ollendorff n'est autre que le patron et l'éditeur de Gabriel Astruc. Or, ce dernier, sous le pseudonyme de Vertuchou, avait dévoilé, dans *L'Evénement,* que Mme Daudet se teignait les cheveux et qu'elle n'avait pas le moindre talent. De plus, à en croire Vertuchou, elle ne témoignait d'amitié à Goncourt que parce qu'elle lorgnait sa succession. Mme Daudet avait alors quarante et un ans et Goncourt soixante-six. Au moment où paraît cet article, le 3 juin 1888, l'on ignore qui se cache derrière ce Vertuchou. Sitôt identifié le coupable, Astruc, Daudet envisage de se battre soit contre Magnier, le fondateur du journal, soit contre Ollendorff, mais à coups de pistolet, assis sur une chaise, car il ne tient pas sur ses jambes. Edmond est d'avis que Léon Daudet, le fils aîné, « devrait aller bâtonner Magnier avec une canne plombée en se mettant à sa disposition et, de là, aller trouver l'auteur de l'article et loger dans son individu une ou deux balles... » Pour avoir lavé l'honneur de sa mère, il serait sans nul doute acquitté. Tandis que Léon s'exerce aux armes et au pistolet, Mme Daudet, effondrée, reproche à son mari d'être, « par ses romans agressifs, la cause de cette attaque contre elle... »

Le sang ne coulera pas. Après rectification de *L'Evénement*, le conflit s'apaise peu à peu. Goncourt le raconte dans des pages qu'il soumet aux Daudet en février 1894 : « Ils m'ont demandé avec une certaine raison la suppression de toute la mise en train du duel de Daudet avec Magnier, au sujet de l'abominable article de *L'Evénement* sur Mme Daudet, craignant que mon morceau ne fasse revivre cette canaillerie aujourd'hui complètement oubliée. »

Proust observera bientôt, dans le salon de la comtesse d'Haussonville, un orgueilleux manège d'où les mains sont absentes. Pour saluer leurs hôtes, le comte et la comtesse penchent leur corps vers le sol, puis le rejettent en arrière « aussi loin exactement qu'il avait été projeté en avant ». Ils n'avaient, eux, d'autre souci que de tenir à distance, objectif généralement incompris, beaucoup s'imaginant à tort, honorés par cet accueil, qu'ils entreraient en relations suivies avec eux.

Blessures et embêtements

A l'approche de la publication du *Journal*, les poltrons sont pris de colère et d'inquiétude, sinon de terreur, quand ils n'en perdent pas le sommeil. Maupassant redoute, d'après François, son domestique, de voir son nom apparaître. Taine n'admet pas que des propos tenus chez Magny il y a vingt-cinq ans, puissent aujourd'hui être offerts en pâture. Il s'en plaint dans une lettre, sitôt reçue, sitôt enregistrée, ce qui, au demeurant, n'arrange pas ses affaires. Car, par là même, il fournit de la copie à Edmond : « ... il m'écrit pour me rappeler qu'il est *vivant* et me prie de ne donner aucune de ses opinions, de ses paroles sur quoi que ce soit, *demandant instamment pour lui le silence,* ne voulant être compromis par rien de ce qu'il a pu dire dans la franchise de sa pensée... » Il ne se veut responsable que de ce qu'il a publié de réfléchi dans ses vingt-quatre volumes destinés au public.

Edmond, en écho, crie à la pouille mouillée : « Oui, oui, ces académiciens, ça les embête qu'on dévoile leur humanité au public. Un jour, c'est Halévy qui défend qu'on les portraiture ; un autre jour, c'est Taine qui défend qu'on les sténographie. Ils voudraient, diable m'emporte ! jouer les petits bon Dieu en chambre, mais il n'en sera pas comme ils le veulent. »

Qu'ils se le disent : les actes et les paroles, fixés à jamais dans le *Journal*, n'appartiennent plus à leurs auteurs !

S'il en est un qu'Edmond a célébré d'enthousiasme et sans la moindre réserve, c'est Marcellin Berthelot, grand savant, mais aussi ministre de l'Instruction publique, puis des Affaires étrangères. Edmond considérait qu'il n'avait connu dans sa vie que trois esprits supérieurs, trois cervelles : Gavarni, Berthelot et le *petit père* Collardez, un maire de village. Renan, Flaubert, etc. n'étaient, en comparaison, que de la « menue monnaie ». C'était en 1878. Flaubert qui avait alors publié la majeure partie de son œuvre, travaillait à *Bouvard et Pécuchet*. Mais, dans l'esprit de Goncourt, les noms de Renan et de Flaubert côte à côte ! On n'en revient pas !

Enfin, qui eût cru que Berthelot, découvrant en 1891, dans le tome VI du *Journal*, le passage qui le glorifie, y répondrait par une simple carte, « sans un petit merci, sans un mot de son écriture, une carte qu'il a craint même de corner, de peur de se compromettre » ?

Il se pourrait que la plus pitoyable victime du *Journal* soit Blanche, fille de Pélagie, la gouvernante d'Edmond. Blanche voudrait soit devenir infirmière, soit quitter Paris pour un village où elle cultiverait des fraises et confectionnerait des cravates. Il n'en faut pas davantage pour qu'elle soit traitée de tous les noms et par Pélagie et par Edmond : la pauvre fille, la pauvre petite bougresse, l'imbécile, l'égoïste, la petite folle, la foutue bête, l'apitoyante toquée. Mais ne voilà-t-il pas qu'elle se met à lire ce qu'Edmond a écrit sur elle. Il la trouve en larmes dans sa chambre : « C'est la désolation en personne ! Et comme je lui déclare que je ne comprends rien à son chagrin, que j'ai toujours parlé d'elle avec tendresse, elle s'écrie douloureusement : "Ah ! vous m'avez faite si misérable, si pauvre... on serait tenté de me donner un morceau de pain !" »

Parmi les mécontents, certains souhaitaient seulement de n'être pas cités. En 1871, la famine sévissant, Edmond s'était plaisamment apitoyé sur les souffrances des grands mangeurs, dont Bracquemond, capable, à lui seul, d'engloutir un gigot. Vingt ans plus tard, il lit cette note à Bracquemond qui lui demande d'y renoncer. « Et je suis persuadé, remarque Edmond, que si, avant d'imprimer, je consultais tout le monde dont j'ai parlé, même à propos des mentions les plus caressantes, mais où je montrerais les gens humains, mon *Journal* de douze volumes pourrait être réduit à douze feuilles d'impression. »

L'exemple de ceux qui bouillent à la lecture de Goncourt nous éclaire mieux encore sur son travail.

Il avait, en 1882, rencontré chez les Daudet Juliette Adam, d'origine picarde, se félicitant d'obliger une centaine d'amis. On lit de la bonté dans ses yeux, mais le regard d'Edmond porte plus loin : c'est la « bonté remuante d'une forte fermière de campagne », d'une femme commune dont le corps « ne fait pas de la grâce supérieure », mais qui, épouse du préfet de police et fondatrice de l'importante *Nouvelle Revue,* tiendra longtemps le haut du pavé. En 1892, Edmond apprend, citant de mémoire et adoucissant le passage incriminé, que Mme Adam n'admet pas d'avoir été comparée à une « belle et bien-portante habitante de la campagne ».

Maurice Rollinat a fait sur des poèmes de Baudelaire une musique admirable. Mais n'est-il pas bizarre, « avec son air de petit paysan maladif » ? Et pourquoi donc coupe-t-il sa prestation de « tirades haineuses contre sa femme, qu'il débite sans pudeur devant nous, des étrangers » ? Rollinat est froissé.

Quant à Léon Cladel, bien qu'il soit le romancier du Quercy, il préférerait être dépourvu de la dose de « malice paysanne » que lui prête le *Journal.*

Contrairement à ce que pensent dans leur coin Mme Daudet ou Mme Zola, qui l'accusent d'être désagréable avec tout le monde, Goncourt soutient qu'il s'est montré affable dans la plupart des cas.

Parti d'une physionomie, d'un corps, d'une

curiosité, il pousse hardiment jusqu'à une sorte de représentation eidétique. Cette recherche, ce dévoilement des « humains », pour reprendre son mot, ne va pas sans égratignures de part et d'autre.

Lettres injurieuses, propos hostiles, embêtements moraux, crampes d'estomac, anxiété le jour, insomnies et cauchemars la nuit, asthénie, abattement, cervelle fatiguée par la méchanceté du monde, des femmes surtout : Edmond porte la croix du *Journal*, mais jusqu'à quand le pourra-t-il ? De temps à autre, il déclare que c'en est trop, que c'est fini, que le reste paraîtra après sa mort, dans vingt ou trente ans.

Si encore ses mémoires se vendaient ! Sans doute, ils font grand bruit, on polémique tout autour. Mais qu'est-ce qu'un tirage de quatre ou cinq mille exemplaires ? Edmond se sent à bout de courage. « Je vais tous les dimanches chez Goncourt, confie Daudet à Jules Renard. Cela me coûte, mais j'y vais. Il est tellement seul, si peu entouré ! » En effet, aucun des jeunes du *Grenier* ne bouge quand paraît, en février 1891, dans *Le Figaro*, un féroce éreintement de Goncourt par Robert de Bonnières, éreintement de l'homme, malveillant, et du littérateur, médiocre. Zola et Daudet, eux, grandissaient, non par des potins, mais par des œuvres ! Seul Octave Mirbeau, volant au secours d'Edmond, se compromet, « avec la méchanceté la plus distinguée ».

Plus douloureuse que les insultes est la chute du réquisitoire de Bonnières : « Est-il exact par exemple que le jour de sa fête, les princesses soient venues dîner chez lui ? Il dit que oui. – Les princesses disent que non. » N'y avait-il pas là de quoi infirmer la crédibilité du *Journal* ?

Ce qu'incrimine de Bonnières, c'est le passage daté du 26 mai 1874 : « Aujourd'hui, j'ai cinquante-deux ans. En l'honneur de cet anniversaire la Princesse m'a demandé à dîner. Comme toutes les princesses, elle trouve très amusant de faire, une fois par hasard, un dîner très mal servi, où elle apporte la joie bruyante d'un enfant au restaurant. »

La Princesse ne manquait pas de déjeuner ou de dîner chez Edmond le jour de son anniversaire, dans la semaine qui précédait son départ pour Saint-Gratien. Oui, sans discussion possible, elle était chez lui le 26 mai. Si ce dîner n'avait pas eu lieu, pourquoi l'aurait-il, le soir même, consigné dans son *Journal* ? Je ne suis pas homme, affirme-t-il, à fabuler « pour me donner les gants de faire fêter mon anniversaire par une Altesse ».

Interrogée, la Princesse ne se souvient de rien, pas même des morceaux de papier sur lesquels chacun des convives, après dîner, avait dressé les plans d'un hôtel idéal. C'était il y a dix-sept ans. « Mais quelle importance ça a-t-il ce dîner ? On sait bien que très souvent, j'ai déjeuné chez vous... »

Edmond insiste, se rebiffe. Il y va non de sa vanité, mais de son honneur. Fouillant dans les lettres de 1874, il retrouve le billet où Popelin, l'amant de la Princesse, prenait sur lui d'inviter le vieux Giraud à ce repas, qui n'avait donc rien d'imaginaire.

D'autres questions restaient en suspens, dont celle-ci : qui avait inspiré à Robert de Bonnières la fin de son article ? La Princesse n'ayant pas crié sur les toits son oubli de cette soirée, la fuite ne pouvait provenir que d'un intime, Popelin, devenu entre-temps l'amant de Mlle Abbatucci, mais continuant de voir la Princesse, toujours très amoureuse de lui.

On doute que Goncourt ait été, comme il l'écrit, peu affecté par l'attaque de Bonnières. Poursuivant son enquête, il apprend que des amis avaient surpris Popelin complotant avec de Bonnières au moment où allait paraître l'article du *Figaro*.

Comment interpréter pareille virulence ? De Bonnières n'appréciait guère les propos tenus par Goncourt sur sa femme ; il l'exprime aux Daudet en 1892. Plus explicite encore dans sa conversation avec Frédéric Masson en 1893, de Bonnières présente son offensive comme une mise en garde et une manœuvre par anticipation, craignant que les on-dit qui lui parviennent, ne soient imprimés tôt ou tard : « ... il lui avait répondu qu'il supposait que j'avais écrit des morceaux sur sa femme et que ça avait été pour me prévenir et tuer d'avance la portée de mon *Journal*. »

Sans rien regretter, Goncourt reconnaît n'avoir pas ménagé Mme de Bonnières, ce « joli petit animal » en 1886, cette dinde en 1892, cette incroyable poseuse, cette « perruche bruyante et jacassante » fatiguant le monde avec ses traductions de Nietzsche. En novembre 1885, montant les marches du *Grenier*, elle entrait « dans l'harmonie du mobilier ». Cependant Mme de Bonnières déroutait Goncourt par la verdeur de son langage. Jadis, il prévoyait que la jeune mariée serait infidèle. Eh bien non ! Elle veillait à ne pas compliquer son existence, d'autant, précisait-elle, qu'elle avait dans son mari « ce qu'il y a de mieux, *il porterait sur la queue un candélabre* ».

En vérité, Goncourt est touché au vif. La malignité de Bonnières le tourmentera jusqu'à la fin de ses jours. En témoigne cette « fièvre éveillée » qui, peu à peu, devient du rêve, le 14 décembre 1895 : « (...) j'envoyai au *Figaro* un acte d'huissier, dans lequel je poursuivais pour diffamation M. de Bonnières et Talmeyr [1], disant que tous les actes de ma vie avaient eu pour but d'acquérir la considération des gens délicatement honnêtes et que M. de Bonnières en m'accusant de me vanter dans mon *Journal* d'un fait qui n'était pas, et M. Talmeyr en me montrant comme un exploiteur de la fraternité, ont porté atteinte à cette considération. (...) Et dans mon rêve de Bonnières et Talmeyr étaient condamnés ; et le bruit retentissant du procès centuplait la vente

1. Maurice Talmeyr, sur le ton de la critique « homicide, anthropophage, caraïbe, de l'heure présente », reprochait à Goncourt d'avoir passé sous silence la collaboration de son frère.

du *Journal* et le faisait traduire dans toutes les langues. »

Les contrariétés vont se précipitant dans les dernières années. C'est Formentin tonnant contre le *Je* des Mémoires, avant de s'étonner de la notoriété de Goncourt, disproportionnée à la minceur de son œuvre. « Quarante volumes, riposte Goncourt, et sur des sujets non explorés, ce n'est rien pour lui. » C'est Forain le menaçant de poursuites, pour avoir dévoilé la misère de sa jeunesse ; il couchait sous les ponts, en compagnie du sculpteur Charpentier. Ce sont les orages que traverse son amitié avec les Daudet. Et c'est, toujours en 1896, ultime humiliation pour un écrivain de soixante-quatorze ans, le rejet par Arthur Meyer, directeur du *Gaulois,* de deux articles sur Hokusai, qu'il juge médiocres et sans intérêt pour ses lecteurs.

L'arroseur arrosé

D'autres indiscrets s'apprêtent, qu'Edmond reçoit avec méfiance, car ils vont le mettre sur la sellette. Dans l'interview, en effet, les rôles s'inversent. Face aux journalistes qui prétendent, eux aussi, dévider des confidences, les siennes, Goncourt tergiverse, répugnant aussi bien à se livrer qu'à se taire ou bien à pécher par politesse. Le voilà donc, en dehors du *Journal,* contraint à une réserve dont il n'est pas coutumier.

En mars 1891, l'on sonne à sa porte. Un reporter vient l'interroger sur le prince Napoléon qui est à l'agonie. Et si je lui disais, murmure Goncourt, « tout ce que j'ai appris sur lui de la Princesse et des autres, le public saurait que ç'a été le plus sale prince de la terre, depuis qu'il existe des princes ! ».

L'envoyé du *Gaulois* le questionne sur la

présentation de Zola à l'Académie : « Je refuse de parler, tout en n'étant pas assez maître de moi pour ne pas parler un peu... Extraordinaires, ces reporters, avec l'indiscrétion inconsciente de leurs demandes !! »

Du moins Goncourt croyait-il pouvoir compter sur la loyauté de Jules Huret qui, en 1890, l'avait si bien servi. Or, quatre ans plus tard, le traître lui fait dire, « par la manière dont c'est rédigé, que Zola est un grossier personnage », « ce que je pense, mais que je ne lui ai pas dit... »

Il n'en a pas fini avec la presse. En 1895, il enrage de lire *Une heure chez M. de Goncourt*, récit falsifié d'un entretien qu'il vient d'avoir avec un chroniqueur de *L'Echo de Paris* : « Ce monsieur a dénaturé absolument ce que je lui ai dit de Berthelot, en sorte que le sentiment admiratif et sympathique de mon *Journal*, à part quelques critiques, est transformé en un sentiment méchamment hostile. Puis il me fait prêter à Renan des paroles qu'il n'a dites que modifiées par d'importants correctifs qu'il passe sous silence, paroles qu'il était convenu qu'il n'imprimerait pas. En effet, quel que soit mon peu d'estime pour le caractère de Renan, je trouve de mauvais goût de continuer une polémique avec un confrère qui est dans la tombe. »

Comment donc les choses se sont-elles passées ? Comment s'est-il fait avoir ce mardi 5 novembre ? Ou plutôt : comment dégénère toute interview ? Edmond en démonte le mécanisme et s'apaise en repassant sa déconvenue sur le mode romanesque. Cette page rare mérite d'être citée en entier :

« On est, à la fin du travail de sa journée, un peu las, un peu vague, mais l'esprit tranquille, serein, sans aucun embêtement moral à la cantonade. Un imbécile sonne. C'est un jour où vous ne recevez pas. Vous le lui faites dire. Il a des paroles suppliantes pour monter un moment. Un fond de politesse vous empêche de le mettre à la porte. Bon, le voici assis au coin de votre feu. Vous lui déclarez que vous n'avez rien à lui dire. Il ne s'en va pas. Il vous pose des questions auxquelles vous ne répondez d'abord pas. Mais un moment, votre interlocuteur laisse percer une si épaisse bêtise, une si énorme ignorance de ce sur quoi il vous interroge, que vous vous échauffez, vous vous indignez et que dans votre indignation du néant de l'interviewer, vous parlez, vous commettez des indiscrétions. Là-dessus, l'homme se lève, en vous donnant sa parole qu'il n'imprimera que ce que vous lui permettez de dire. Et le lendemain, devant la lecture de ce que vous avez dit, idiotement grossi, et même de tout ce que vous n'avez pas dit, vous avez perdu la bonne tranquillité d'esprit des jours derniers ; et votre pensée est toute à la possibilité de lettres injurieuses, de duels ou, du moins, à la perception de haines irréconciliables semées par la visite de ce monsieur, que vous n'avez reçu que parce que vous êtes bien élevé. »

En conséquence, il conviendrait que les journalistes, plutôt que de se fier à leur mémoire, prennent des notes, de sorte que soit imprimé plus ou moins ce qui a été dit.

II

Les insupportables

Le défroqué

Bête noire, mais bête d'abord. C'est, en effet, d'emblée, une répulsion inouïe, partagée par Gautier, pour la personne physique de Renan. Son apparition au dîner Magny, en mars 1863, a de quoi couper les plus féroces appétits : « C'est un homme replet, court, mal bâti, la tête dans les épaules, l'air un peu bossu ; la tête animale, tenant du porc et de l'éléphant, l'œil petit, le nez énorme et tombant, avec toute la face marbrée, fouettée et tachetée de rougeurs. »

Ainsi s'introduit le thème cruel de l'animalité de Renan, de sa laideur significative. Une fois seulement, les Goncourt lui accorderont la « grâce morale », mais c'est encore dans la « disgrâce physique ». Indulgence éphémère ! En 1892, au *Salon des artistes français*, Goncourt s'attarde devant le portrait de Renan assis, les mains aux genoux : « Oh ! les ongles de Renan dans son portrait exposé aux Champs-Elysées ! Quelle structure animale ils ont ! Et comment sa femme ne les a-t-elle pas fait laver ? »

Pareil monstre pouvait-il engendrer un chérubin ? La folle animosité de Goncourt n'épargne pas Ary, le fils de Renan, une « larve à gardénia », « un enfant qui est un bossu formidable, avec un visage de quartier de lune d'almanach, dont un caricaturiste aurait fait une figure. Si Veuillot le voyait, cet enfant, il ne manquerait pas de dire que c'est là une vengeance de Dieu, qu'il y a dans l'abomination physique de ce petit être, de la procréation maudite de défroqué ».

L'antipathie des Goncourt pour Renan est indissociable de son passé de séminariste félon. Il lui en est resté une « vilaine et haineuse et trouble tête de prêtre enveloppée de douceur ». A table, il se tient à l'instar d'un curé, la serviette pliée, les mains canoniquement croisées sur le ventre. Le défroqué est, par définition, un être bâtard, écartelé entre deux mondes et trahissant par sa duplicité la vocation qu'il n'a que partiellement abdiquée. Aussi les Goncourt l'affublent-ils de métaphores religieuses.

Satan prêtreux, il englue les autres d'un « miel ecclésiastique », se dérobe jésuitiquement dans la conversation et se comporte à tout moment « comme s'il redoutait une gifle du Tout-Puissant ». Ils le verront baiser la main de Hugo, comme le séminariste celle de son évêque.

De l'œuvre de Renan, de son *Histoire générale des langues sémitiques,* de ses *Etudes d'histoire religieuse*, ou de son *Essai sur l'origine du langage,* publiés entre 1855 et 1858, il n'est guère question dans le *Journal.* Du bout des lèvres, les Goncourt mentionnent le scandale causé par la leçon inaugurale de Renan au Collège de France, le 22 février 1862. Il avait présenté Jésus comme un « homme incomparable ». Le 26, le cours est suspendu. « Duplicité de mesures », commentent les Goncourt, politique obscure. L'Empereur n'a-t-il pas écrit personnellement à Renan pour s'excuser de la sanction ?

Cependant, Théophile Gautier, dont la voix nous parvient, grâce au *Journal,* avec la verdeur d'un capitaine Fracasse, conçoit une tout autre *Vie de Jésus.* Fils d'une parfumeuse et d'un charpentier, voici « un mauvais sujet qui quitte ses parents, qui envoie *dinguer* sa mère, qui s'entoure d'un tas de canailles, de gens tarés, de croque-morts et de filles de mauvaise vie, qui conspire contre le gouvernement établi et qu'on a bien fait, très bien fait de crucifier ou plutôt de lapider. (...) Au moins c'était un livre. Ça pouvait être faux, mais le livre avait sa logique. »

Seule et brève accalmie dans ce paysage tourmenté : la visite que les Goncourt rendent à Renan le 25 mai 1868. Tout leur plaît dans son appartement de la rue Vaneau : le mobilier de velours, les œuvres accrochées au mur, le bric-à-brac de la bibliothèque, le panorama – qu'ils découvrent par la fenêtre – d'une ville qui leur rappelle Rome, avec ses dômes, ses clochers et ses enclaves de verdure. Mal élevés quand la curiosité les tenaille, ils n'hésitent pas à se pencher sur une petite table où ils distinguent les épreuves de *Saint Paul*, le troisième livre de l'*Histoire des origines du christianisme*.

Que dire de leur hôte ? Ne se seraient-ils pas mépris jusqu'alors ? « L'homme toujours plus charmant, plus simplement et plus affectueusement poli, à mesure qu'on le connaît et qu'on l'approche; dans la disgrâce physique, la grâce morale, je ne sais quoi, chez cet apôtre du doute, de ce qui élèverait et de ce qui achèverait l'amabilité chez un prêtre de la science. » Un jour, Edmond excipera de ces lignes comme d'un gage de bonne foi.

Mais ce qui, en mai 1868, emporte l'adhésion des Goncourt, c'est le culte voué par Renan à sa sœur Henriette. Pour préparer sa *Vie de Jésus,* il s'était rendu avec elle en Syrie. Ils avaient été frappés tous deux d'une crise de paludisme dont elle mourut. *Souvenir pour ceux qui l'ont connue* est le livre offert aux Goncourt. Ils en sont bouleversés : « Nous rentrons, nous nous lisons ces pages, qui nous touchent au plein cœur de notre fraternité, et des larmes arrêtent notre lecture. »

Dès 1869, la trêve est rompue. Les coups de patte se répètent d'instinct, aux mêmes endroits. Ce qui exaspère les Goncourt, nous le savions déjà : le rire diabolique de Renan, « mouillé d'une salive jubilante », son obtuse cervelle, son intelligence de bourgeois misérable et mesquine, son écriture mensongère, ses jugements péremptoires. De sa diabolique petite voix, il nie l'utilité des musées ou bien dénigre la prose de Chateaubriand, ajoutant qu'il lui préfère la langue du XVIIe siècle, qui suffit à rendre toutes les idées, tous les sentiments d'aujourd'hui. Il proclame à tort et à travers que la place Saint-Marc est une horreur, qu'il faut ménager les rois, que la sainteté est supérieure au talent, que le style est une chose secondaire, que George Sand est le plus grand écrivain de ce temps, plus vraie que Balzac, très au-dessus de Hugo, ce « saltimbanque » ; qu'on la lira encore dans cinquante ou cent ans.

D'un tout autre ordre est la dispute née des propos tenus par Renan le 6 septembre 1870. La scène se passe au restaurant Brébant qui accueille désormais les fidèles du dîner Magny. L'un des convives ayant opposé le tempérament militaire français (précipitation du tir, charges à la baïonnette) au souci de précision et de mécanisation de l'armée prussienne, Renan, contré de toutes parts, s'étend sur la supériorité de la race allemande, supériorité qu'il a constatée tout au long de ses études et qu'il attribue pour une large part aux vertus « summatives » du protestantisme.

« C'est merveilleux et bien triste, note Edmond un an plus tard, le despotisme qu'exerce sur la pensée de Renan tout ce qui se dit, s'écrit, s'imprime en Allemagne. » Un soir qu'il *mangeait* du Bossuet au dessert, Renan aurait voulu que son *Histoire universelle* fût conçue à l'allemande.

Bien avant d'avoir pris connaissance du *Journal*, paru quelque vingt ans après ces événements, Renan, inquiet, puis « bougrement encoléré », craignant, en outre, de passer pour pacifiste dans sa Bretagne natale, multiplie interviews et démentis. Ce n'est pas en tête à tête que s'affrontent alors les protagonistes, mais par le truchement des gazettes. Avec une violence dont on le croyait incapable, Renan conteste la véracité des propos exhumés. Qu'on lise ses œuvres plutôt que d'accorder foi au radotage des conversations ! Jamais il n'a tenu le moindre propos antipatriotique ! « Nom de Dieu ! » s'exclame Goncourt. « Je lui ai entendu dire que cela lui était parfaitement égal d'être sous la domination d'un Guillaume ou d'un Napoléon, et j'ai eu la mansuétude de ne pas rapporter la phrase dans mon *Journal*. » Edmond prend à témoin tous les dîneurs présents. Il n'est pas jusqu'au *Figaro*, d'ordinaire si partial, qui n'admette que le *Journal* sue l'authenticité. Renan invoque, non pas la désobligeance de Goncourt, mais son imperméabilité aux idées générales, une certaine inintelligence et la perte de sens moral, sans omettre une indiscrétion invétérée. De quel droit se fait-on l'historiographe de ses sorties ? En réponse à une nouvelle offensive, Edmond remet à un *reviewer* de *L'Echo de Paris* un canevas à mettre en dialogue, « sans rien y changer, sans y ajouter rien ». On l'y voit descendre théâtralement l'escalier en grommelant : « Et puis vraiment, M. Renan a été si *indiscret* à l'endroit de Jésus-Christ qu'il devrait bien permettre un peu d'indiscrétion à son égard. »

Tantôt Goncourt en guerre éprouve la griserie du vrai combattant, tantôt, pris au dépourvu, il perd « l'appétit à la soupe ». Décidément, une fois de plus, la littérature n'est pour lui que source d'embêtements. Les Daudet, atterrés, sont d'avis qu'il devrait arrêter illico la publication du *Journal*.

N'empêche que les uns et les autres continuent de hanter les mêmes endroits. Ah ! si l'on pouvait se passer des poignées de main et leur substituer une formule tiède qui ne signifierait ni la cordialité ni le conflit ! Le 20 novembre 1890, chez la Princesse, Goncourt se demande comment se comporter devant Mme Renan, « ne sachant pas bien si elle devait me donner la main ou ne pas me la donner, et moi, si je devais la prendre ou ne pas la prendre. Quant à Renan, je l'ai évité, voulant laisser un peu de temps jusqu'au jour où je lui dirai : "Voyons, monsieur Renan, êtes-vous vraiment fâché avec moi ou ne l'êtes-vous pas ?" »

Tandis que les échotiers soufflent sur le feu, l'on apprend, par une interview, que Renan, faute d'arguments inédits, jette les armes. Goncourt n'est-il pas un de ses « plus illustres contemporains » ? S'il le rencontrait, il lui serrerait la main en lui disant : « Vous avez été indiscret et peu délicat. J'ajouterais même un peu étourdi. »

Moins magnanime, jamais Goncourt ne corrigera sa rudesse. Le deuil public, manigancé à la mort du « faux grand homme », en 1892, lui paraît une blague nourrie par la menterie du journalisme contemporain.

La tête de Turc

L'idée d'avoir un beau corps nu
est le rêve de Taine...

Journal, 21 février 1866

La rencontre de Taine, en 1863, avait été d'assez bon augure. Les Goncourt apprécient son « œil bleuâtre », son aimable regard sous ses lunettes, sa minceur, sa distinction, son savoir, le charme de sa parole. Néanmoins, dès le premier jour, pointe un soupçon : n'y aurait-il pas en Taine, reçu premier à l'Ecole normale supérieure, un relent de pédantisme, un fond de professeur mal défroqué ?

Une première déception vérifie ce pressentiment : la visite de Taine venu découvrir des gravures. On lui en ouvre des cartons : « Il les regarde et nous voyons qu'il ne les voit pas. Cependant, comme il faut paraître voir et que l'art commence à passer pour quelque chose d'où l'on peut tirer des idées, il fait sur ces choses des phrases et des filandres de cours d'homme d'esprit aveugle ! » Diderot n'avait-il pas incité à la circonspection l'écrivain qui s'avance sur le palier d'une autre discipline ? Familiers du XVIIIe siècle, remarquables dessinateurs eux-mêmes [1], les Goncourt n'ont que sarcasmes pour ceux qui abordent les beaux-arts littérairement.

Fini l'engouement ! En l'espace de quinze jours, les voici retournés. C'est un cuistre qu'ils démasquent « dans son habit étriqué, les coudes au corps, la nuque abaissée, le chapeau aux mains comme contenance, plat de toute sa personne ». Dans le récit de ce revirement, proustien avant la lettre, les Goncourt s'avouent blousés par la nature souple du personnage, différent selon les lieux où il parade, salons de la Princesse ou dîners Magny.

Il ne manquait à Taine que de s'établir. Et c'est pour les Goncourt l'occasion d'un exer-

---

1. En appendice de ses *Goncourt*, Alidor Delzant propose un inventaire, provisoire, des dessins, aquarelles, eaux-fortes, croquis et bois d'Edmond et Jules de Goncourt. Alidor Delzant, *Les Goncourt*, Charpentier, 1886, p. 365 à 370.

cice de misogynie appliquée. En juin 1868, Taine s'éclipse de la scène du monde, pour n'y retourner que le 22 juillet. Marié, « endimanché, gonflé, gêné et engraissé », « il dit d'un air fat à la Princesse que, s'il ne lui a pas amené sa femme, c'est qu'elle est un peu souffrante.

Il me demande à moi "comment se porte monsieur Flaubert". *Monsieur Flaubert!* Je l'ai trouvée forte, de ce professeur, du Normalien devenu un bourgeois (...) »

Ce *Monsieur Flaubert,* n'est-ce pas du Flaubert tout craché ? Or, c'est lui que la Princesse avait interrogé sur les Taine. « Je suis sûre, lui écrivait-elle, que la vue de ce ménage nous laissera la sécurité sur leur avenir ; mais ne sommes-nous pas curieux ? qu'en pensez-vous ? » Flaubert répond placidement : « Quant à l'ami Taine, vous avez raison, il sera heureux *quand même.* Je ne le crois pas capable de sentiments violents. Une grande souffrance et une grande ivresse doivent lui être étrangers. Tant mieux pour lui. Ne trouvez-vous pas qu'il a l'air né marié ? » Ainsi Flaubert, moins acerbe que les Goncourt, les rejoint-il néanmoins par la bande. Ce mariage intriguera longtemps. En 1893, année de la mort de

Taine, l'on glosera encore sur ses exigences touchant la dot de son épouse.

Plus que le pédantisme, la chafouinerie, l'intrigaillerie et le côté « essayiste anglais » de Taine, Goncourt vitupère son détestable exhibitionnisme conjugal.

De 1876 à 1881, le *Journal* manifeste à ce propos une animosité croissante. C'en est trop pour Edmond, que le manège de Taine déambulant avec Madame dans les salons de la Princesse : « Le marcher bête de ce *clergyman* bedonnant, au tors regard hypocrite, masqué sous ses lunettes, et la hideur malsaine et noirâtre de l'épouvantable épouse, qui a l'air d'un ver à soie malade sur lequel un collégien a passé de l'encre, c'est vraiment un spectacle bien lamentable pour les yeux d'un amateur de beau. » Quelle vilaine personne, en effet, que Mme Taine, cette « longue créature », avec son « pince-nez de bas-bleu germanique ». Heureusement, comme il le disait à la Princesse, Taine ne voyait aucune différence entre les jolies femmes et les autres.

En 1888, recensant ses vingt-cinq dernières années, Goncourt se demande s'il n'a pas trop impitoyablement chargé Taine, ce *paillasson* « pour lequel j'ai l'antipathie la plus grande, sans qu'il l'ait tout à fait méritée par ses procédés envers moi, mais parce qu'il est le type le plus complet et le plus odieux du Normalien ».

Taine avait-il lieu de se plaindre ? Au temps du pur homme de lettres – Diderot ou Rousseau –, de quoi l'aurait-on crédité ?

Aujourd'hui, il peut savoir gré à l'aristocratie bourgeoise de fêter de préférence l'universitaire et le pion mondain.

Le traître

Notre admirateur et notre élève ! se disent les Goncourt en voyant Zola pour la première fois. Il avait consacré à *Germinie Lacerteux* des articles enthousiastes ; les Goncourt considèrent ses livres comme enfantés par les leurs. Ils ne croyaient pas si bien dire ! Edmond ne tarde pas à s'assurer que Zola, en dépit de son talent et de son « immense personnalité », souffre de kleptomanie littéraire. Ayant commis l'imprudence de lui lire une page où l'on voit la fille Elisa *battre le quart*, il la retrouve, cette page, « pas tout à fait plagiée, mais bien certainement inspirée par (sa) lecture ». Sur un autre théâtre, ce sont absolument les mêmes effets de ténèbres, d'ombre lamentable qu'elle laisse derrière elle. Il n'y manque même pas : « "Monsieur, écoutez-moi donc !" » Procréateur et plagié, Goncourt tiendra désormais, tout au long de ses mémoires, un compte régulier des larcins et malversations de Zola : vols de noms et de prénoms, d'expressions, de situations, d'images. Ainsi, la Grande Virginie de *L'Assommoir* nous renvoie à la Grande Adèle de *Germinie Lacerteux* ; le nom de Philomène est donné à un personnage de *La Bête humaine* ; Zola prend à *Renée Mauperin* la Renée de *La Curée*, et à *Germinie Lacerteux* le nom de Jésus-Christ. La « folie de l'œil », à la fin de *Manette Salomon*, est démarquée dans *L'Œuvre*. « Ça ne se fait pas, ça ! » gémit Goncourt. « Ça n'a jamais été fait par un auteur qui a un peu de pudeur. » A plusieurs reprises, il envisage d'adresser à Zola une lettre d'admonestation, mais il ravalera sa colère.

Goncourt n'est pas seule victime. Daudet avait appelé Nana un personnage de son *Jack* ; et de blâmer cette « impudence à nous déposséder des noms dont nous baptisons nos personnages de romans ». Hennique aussi est mis à contribution : l'idée de *L'Argent* n'est pas étrangère à sa pièce, *L'Argent d'autrui*.

Pince-sans-rire, Edmond signale à Zola un illustre précédent : la mort de Jean Valjean, « légèrement volée » à Balzac (la mort du père Goriot). Commentaire de Zola : « Est-ce que nous ne descendons pas tous les uns des autres ? – Plus ou moins, mon cher, lui ai-je répondu [1]. »

Nombre de témoignages accusent l'instinct d'imitation de Zola. A peine Edmond a-t-il annoncé ses Mémoires, que Zola rédige, à paraître dans la presse, une réclame pour *L'Œuvre*, « une autobiographie, des sortes de mémoires » sous la forme d'un roman. Comment n'être pas inquiet, ne pas vivre dans l'expectative d'une nouvelle trahison ? En recopiant la partie du *Journal* consacrée au Siège et à la Commune, Goncourt anticipe son exaspération prochaine, ne doutant pas que Zola ne le pille quand il fera *La Guerre,* « se passant exactement dans les mêmes temps et les mêmes lieux ». Ils s'étaient entretenus, un soir, en confidence, du rythme de leur travail, Zola écrivant beaucoup plus vite. D'où la nécessité pour l'un de prendre les devants, et la possibilité pour l'autre de le rattraper [2].

1. Bien des romanciers croient pouvoir s'octroyer le monopole du sujet dont ils ont eu l'idée. Ainsi, Rosny, à propos de son livre, *L'Impérieuse Bonté*, semble dire, d'après Goncourt : « Attention ! Vous savez que la bonté m'appartient et qu'il n'y a pas à y toucher ! »

2. « ... je suis embêté qu'il ait choisi justement le temps où je faisais une étude de jeune fille pour en faire

La presse, dans ces matières, penche le plus souvent pour Zola. Ainsi, Auguste Vitu suggère, en février 1890, que la pièce des *Frères Zemganno*, farce de fumiste, doit quelque chose à *L'Assommoir*, alors que c'est tout le contraire : « Moi, avoir pillé Zola ? C'est raide. » A en croire Hennique, une aventure analogue était arrivée à Céard : « Tenez, le Capitaine Burle, c'est une chose que lui a contée Céard, auquel il a demandé la permission d'en faire une nouvelle... Et ç'a été drôle, quand Céard en a fait une pièce où il a imprimé : *tirée de la nouvelle de Zola*... Il aurait pu aussi bien mettre : *tirée de ma nouvelle signée Zola*. »

Si encore Zola avait l'honnêteté d'avouer quels livres l'ont le plus marqué ! Mais, non, passant sur les Goncourt, il cite les poésies de Musset, *Madame Bovary*, les ouvrages de Taine. « Nom de Dieu ! » peste Goncourt. « Je crois que *Germinie Lacerteux* a fait plus d'impression sur la cervelle de l'auteur de *L'Assommoir* que les livres précités par lui. » Si

---

une, et d'autant plus embêté que comme il travaille plus vite que moi, j'aurai l'air de m'être inspiré de lui. » (*Journal*, 15 décembre 1883.)

elle n'était l'épouse d'Alphonse, Mme Daudet, les oreilles bourdonnant de tant d'injustices, en ferait un livre. L'œuvre de Zola n'est-elle pas la drague dont parle son mari, « cette machine qui ramasse indifféremment tout, et des immondices et des bijoux, la drague qu'on appelle *Marie-Salope* » ?

Les Goncourt avaient, de bonne heure, flairé, sous le masque de l'enjouement, l'anxiété, la « désespérance souterraine » de Zola. Un malaise qu'ils expliquent par un servage dont il avait lui-même conscience. Au fond, disait-il à Daudet, je ne suis qu'un assimilateur... Oui, réplique Edmond, « un assimilateur très puissant, mais pas novateur, pas inventif, pas créateur pour un sou ». Vulgarisateur-né, malheureux de n'avoir pas en lui « la confiance qu'a un auteur original, personnel, ne devant rien à qui que ce soit », Zola s'illustre dans la démesure, la caricature, l'encanaillement des procédés. Ce serait une des raisons de son énorme succès.

Quand les Goncourt « émettent discrètement », il bat le tambour ou sonne de la trompette. Je voudrais faire de grandes machines, leur confie-t-il lors de leur première rencontre. Edmond ne manquera pas de ressortir l'expression, décrivant l'œuvre de Zola comme « une machine graissée pour une besogne industrielle, sans trêve ni repos ».

Comment, s'il n'a vraiment rien à lui, Zola pourrait-il ne pas en vouloir à Goncourt et Daudet ? La simple annonce, par celui-ci, d'un livre à paraître – *La Petite Paroisse* – l'indispose au plus haut point. Quoi, un roman sur la jalousie ? Il ne connaît pas de thème plus éculé ! Comme le remarque Mme Daudet, il ressemble à ces chiens en train de ronger un os et qui ont une patte sur un autre. Il vient d'apprendre que *Le Figaro* publie le quatrième acte de *Numa Roumestan,* de Daudet, et déjà il apporte un morceau du *Ventre de Paris*, une chose, assure-t-il, « à faire pleurer les murs ». Goncourt en parle comme d'une ordure célébrée par la presse qui avait sacqué *Renée Mauperin* et *Henriette Maréchal.*

Il n'est guère d'écrivain qui, au XIXe siècle, n'ait rêvé de triompher sur la scène. Voyez-vous, expliquait Janin aux Goncourt en 1851, pour arriver, il n'y a que le théâtre. Et c'est là, quand d'autres sont joués, que Zola, de méchante humeur, se torture. Etudiez-le à la première de *Sapho,* ne parvenant pas à cacher ses sentiments, à la première de *Manette Salomon,* au moment où Anatole peint à Garnotelle les bassesses à consentir pour entrer à l'Institut. Zola, vingt-cinq fois éconduit, se garde d'applaudir, de crainte de compromettre ses chances. Georges Lecomte qui l'a bien observé, rapporte la scène. Or, le mois suivant, dînant avec Goncourt, Zola entonne cyniquement l'éloge de *Manette Salomon* et chante la bravoure de l'auteur. Daudet n'en croit pas ses oreilles, car il dispose d'informations indubitables et graves. Le soir de la représentation, Zola, hors de lui, « prenant à part deux ou trois individus, leur avait fourni de quoi éreinter la pièce ». Goncourt s'étonne de l'étonnement de Daudet, car il a la preuve « qu'en dépit de ses chaudes poignées de mains et de ses *Mon bon ami*, Zola conspire, avec la perfidie de l'Italien qu'il est, à ruiner son œuvre, qu'il sent être pour la sienne une menace dans l'avenir ». Nous sommes en mars 1896. Dès 1890, après le four des *Frères Zemganno*, Zola, *l'Italianasse,* avait abreuvé Goncourt de circonlocutions chafouines sur un ton de commisération profonde. Daudet aurait-il des trous de mémoire ? N'est-ce pas lui qui racontait à Goncourt qu'en avril 1886, au cours d'une promenade, Zola lui avait montré « le fond de son sac » et avoué sa jalousie d'Edmond, jalousie, sans doute, à l'égard des deux amis ? N'est-ce pas Daudet qui dénonçait la perfidie machiavélique « d'un Italien, oui, d'un Italien », sa méchanceté foncière aggravée par la solitude de Médan. L'Italien, c'est le roublard qui, candidat à l'Académie, dégote les juifs pour mettre Halévy dans sa poche, ou le thuriféraire qui, sans en penser un mot, encense Bourget, cette « nullité », dans un article du *Gaulois,* avant de prononcer, sans y croire, l'éloge funèbre de Cladel.

Daudet ne cache ni son admiration, ni son mépris pour la « merveilleuse ouverture » de Zola à toutes les pratiques de la méchanceté.

Le *Journal* a ceci d'inappréciable, qu'il permet non seulement de remonter le cours des accointances et des fâcheries, mais de détailler un emploi du temps. Il arrive, par exemple, que Goncourt et Zola se voient trois fois en l'espace de quarante-huit heures. Le 5 avril 1886, Edmond lit, plume en main, d'un œil sévère, *L'Œuvre,* de Zola, acclamé par *Le Figaro* comme l'absolue perfection. Il y trouve une intrigue élimée, des choses joliment faites, de la pignouflerie et de la voyouterie, de brillants morceaux, et, comme toujours, une flopée d'emprunts. Le samedi 10, croisant Zola chez Charpentier, Goncourt glisse deux ou trois réserves sur *L'Œuvre,* avec tout le doigté d'un gentleman. Mortifié, Zola fait grise mine, résolu à en découdre subrepticement. A sept heures, le même jour, grand dîner chez Daudet, en compagnie du ménage Zola. Dans le cours du repas, Daudet ayant joyeusement annoncé à Goncourt les morilles qu'il a été chercher pour lui au magasin Moret, Mme Zola jette un froid : « Aujourd'hui, ce n'est pas rare, les morilles, ça coûte trois francs... » Le ton de la réunion est donné. En vain Mme Charpentier parle-t-elle bouillabaisse pour adoucir les convives et noyer les conflits. Sur deux ou trois sujets, Zola contredit systématiquement Goncourt. Enfin la scène éclate, avec ce qu'une scène comporte d'arbitraire et, partant, de merveilleux, à propos d'une banale discussion sur l'esprit. Or, cette joute, aigre et bruyante, vire au comique avec la visite, impromptue, d'un ami de la famille, Lockroy, « arrivant d'une tranquille conférence sur l'agriculture et croyant à la bonne fraternité de la famille naturaliste ».

Mme Zola, d'ordinaire, a la langue bien pendue. Son éreintement drolatique de *La Fille Elisa* avait couru tout Paris : « De Goncourt est bon pour le XVIIIe siècle, mais pour le naturalisme, c'est pas son fait... Il n'étudie pas le sujet... Moi et ces messieurs, nous savons que cela ne se passe pas comme cela dans ces maisons. » Si Mme Zola disposait d'une machine à remonter dans le temps, elle ne manquerait pas de renvoyer Goncourt à son siècle de prédilection, mais ce soir, en perdition, elle répète mécaniquement : « Si ça continue, je vais pleurer... Si ça continue je vais m'en aller. »

Le lendemain, Goncourt reçoit quelques personnes, dont Jeanniot et Zola. Il tient à leur montrer des aquarelles de son frère ; avec quelle ferveur, on l'imagine. Cependant la rancune de Zola s'est changée en bouderie ; il ne tarde pas à tourner le dos. Or, ce qui m'intrigue plus que cette irrévérence, c'est l'extrême concentration de Goncourt. S'abstrayant en quelque sorte de son entourage, il n'a de regard – et quel regard! – que pour celui qui croit lui tenir tête : « C'est vraiment très amusant de voir l'ennui que cela cause à Zola, et le manège auquel il se livre pour ne point les regarder et gagner le fond de la pièce. »

Que de sorties et de mondanités, alors même que les Goncourt maugréent contre la déréliction de l'homme de lettres au XIXe siècle! Dîners des Zola chez Goncourt, de Goncourt et des Daudet chez Zola, de Zola et des Goncourt chez Daudet, des uns et des autres chez la Princesse. Réunions plus souvent tendues que joyeuses. Une soirée chez les Charpentier, le 8 décembre 1891, commence, sous de fâcheux auspices, par un bonjour bigrement sec de Mme Zola. Bon, se dit Goncourt, « je vais avoir une scène avec Zola pendant le dîner ». Mais Zola feint de n'être aucunement affecté par la phrase sur Médan consignée dans le *Journal* de juin 1881, et qui avait tant irrité son épouse : « On revient dîner, et il se lève, aux heures du soleil baissant, du jardin sans arbres, de la maison sans enfants, une tristesse qui prend Daudet comme moi. »

Au sortir de table, Zola dit simplement à Goncourt : « Mais ce sont nos mémoires, vos mémoires ! » Un an plus tard, revenant encore de Médan, Goncourt réaffirme son inébranlable doctrine : « ... un ménage peut se passer d'enfants dans un appartement de Paris, mais non pas dans une maison de campagne. La nature appelle des petits. »

Tant de frictions n'y changent rien : Goncourt et Zola sont manifestement inséparables, à l'exception de trois ou quatre années d'éloignement. Ce qui les a rapprochés, d'après eux, c'est aussi bien le côté batailleur que la conviction d'être des martyrs de la littérature, de lui avoir tout sacrifié [1]. Cette parenté n'empêche pas, chez Goncourt, une ordinaire méfiance qu'aucun geste, aucun compliment ne saurait dissiper. Vers la fin du souper donné en l'honneur de *Germinie Lacerteux*, alors que Zola, d'une voix forte, a porté

1. Selon le testament d'Edmond de Goncourt, Zola aurait néanmoins figuré parmi les dix membres de son Académie, s'il n'avait été candidat perpétuel à l'Académie française.

un toast « à Edmond de Goncourt et à la mémoire de Jules de Goncourt », Edmond, passé un souffle de gratitude, croit lire « bien des choses troubles dans ce toast ». Quoi qu'il en soit, la vigilance est de mise. Aussi Goncourt et Daudet, avant de se rendre chez Zola, pour son cinquante et unième anniversaire, se promettent-ils de surveiller leurs paroles et de ne pas s'abandonner inconsidérément.

A la dernière page du *Journal,* Robert de Montesquiou ressuscite pour Edmond un tout autre Zola, adolescent inoffensif et fleur bleue. C'est au temps, lointain, de son impécuniosité, qu'il aurait fallu le connaître. Il n'avait pas de quoi manger et il s'offrait des bouquets de pois de senteur.

III

Les misogynes

Deux paires d'ailes autour d'un phallus

« Il y a des hommes, il y a *une* femme. » Les Goncourt ne conçoivent la femme, celle du XIXe siècle [1], qu'au singulier, comme l'espèce dont le *Journal* ne laisse pas de marteler les attributs peu glorieux : mauvaise, impudique, superficielle dans la conversation, intrigante, moralement méprisable, dépourvue de sens littéraire, etc. Sa pensée moud dans le vide,

1. Au contraire, ils ne trouvent pas de mots assez vifs pour célébrer la femme du XVIIIe siècle, « le centre de ce monde, le point d'où tout rayonne, le sommet d'où tout descend, l'image sur laquelle tout se modèle ». (Cf. *La Domination et l'Intelligence de la femme* in *La Femme au dix-huitième siècle*, Firmin Didot, 1862, II, chap. IX.)

« Les Goncourt, remarque Juliette Adam, ont à un tel point fréquenté et aimé les femmes du XVIIIe siècle, qu'ils détestent les femmes du XIXe, sont incapables de les comprendre... et ne leur laissent que la méchanceté, la débauche ou l'imbécillité. » Cité par Pierre Kyria, *La Passion Goncourt*, éd. France Loisirs, 2003, p. 37.

son sexe est son gagne-pain. Dans le meilleur des cas, ces jolis animaux atteignent à l'intelligence du singe [1].

En un siècle qui idéalise la femme et brigue son assomption poétique, les Goncourt étalent crûment une misogynie fabuleuse. Relisez, par exemple, leur procès-verbal du 13 octobre 1855 :

« Infériorité de l'intelligence féminine à l'intelligence virile. Toutes les beautés physiques, toutes les forces et tout le développement de la femme affluant et comme coulées vers les parties moyennes et inférieures du corps : le bassin, le cul, les cuisses ; les beautés de l'homme remontées vers les parties nobles, vers les pectoraux, vers les épaules amples, le front large. Vénus a le front petit. Les *Trois Grâces* de Dürer n'ont pas de derrière de tête. Les épaules petites ; les hanches seules rayonnent et règnent chez elles [2]. »

---

1. Je n'envisage ici que la misogynie ordinaire des Goncourt. Sur la misogynie *perfide* mise en œuvre dans *Madame Gervaisais*, l'on ne saurait mieux dire que Marc Fumaroli. Voir E. et J. de Goncourt, *Madame Gervaisais*, préface de Marc Fumaroli, Gallimard, Folio, 1982.

2. Ce sera, presque mot pour mot, dans *Charles Demailly* (chap. XXXVI), le propos de Rémonville :

Une misogynie que les Goncourt mettent cyniquement en pratique. Ainsi, dans leurs amours avec Marie, une fillette de seize ans, frêle et vierge, draguée par Edmond au bal Mabille où souvent il dansait la polka. Je saute les détails et les rebondissements de cette liaison [1], pour en venir au moment où Marie passe d'Edmond à Jules : « Mon frère n'avait point encore de maîtresse; et quelques jours avant ma retrouvaille de Marie, il venait justement de me raconter ses dégoûts à propos d'une fille du trottoir, chez laquelle il était monté et qui avait ôté une moitié de ses cheveux et de ses dents. Est-ce absolument l'intention de lui donner une ragoûtante maîtresse, que je n'aimais plus? N'y eut-il pas le désir de faire une expérience sur la fragilité de la pauvre fille? N'y eut-il pas un peu du besoin de l'avilir à mes yeux? Je n'en sais vraiment plus rien. Ce que je me rappelle seulement, c'est que je l'invitai à un dîner au restaurant du Café d'Orsay et qu'après dîner, je lui dis que

---

« ... l'infériorité de la femme est écrite dans tout son corps... Le cerveau de la femme est au cerveau de l'homme comme 16 à 17. Avez-vous vu les *Trois Grâces* d'Albert Dürer... »

1. Voir le *Journal* des 21 et 22 juillet 1889.

j'avais une course à faire et qu'elle se donnât à mon frère comme elle s'était donnée à moi.

Mon frère, au bout de quelques semaines, où il coucha furieusement avec elle, la trouvait une créature trop rêveusement triste, une créature même un peu effrayante dans l'espèce de léthargie où la plongeait le plaisir, et avec la sorte de reculement lointain de la vision en ses immenses yeux bleus, *et il la congédiait*[1]. »

Bourgeoise ou aristocrate, nulle n'échappe à sa nature, pas même la Princesse, que les Goncourt aiment bien, qui ne manque pas d'esprit, mais qui est fondamentalement inintelligente. La femme a beau sourire, babiller, se rengorger, mutiplier les gracieusetés, rien n'y fait. Ce perroquet du discours de l'homme ne parvient pas à donner le change.

La femme s'en va, gémit Gautier, quand tant de ses contemporains, médecins, pédagogues, contrôleurs sociaux, hygiénistes, littérateurs, exaltent pompeusement la mère, l'épouse ou l'amante, dans le train de la bourgeoisie triomphante. « Femme... » écrit simplement Flaubert dans le *Dictionnaire des idées reçues.* Que n'attendions-nous pas d'elle ! On en

1. C'est moi qui souligne.

discute chez Magny, en mai 1864 : « Nous avons bâti sur elle comme un idéal de toutes nos aspirations. Nous en avons fait le nid et l'autel de toutes sortes de sensations douloureuses, aiguës, délirantes, épicées. Nous voulons satisfaire en elle et par elle l'effréné et l'insatiable de nous. » Les convives se quittent sur un constat : « Nous ne savons plus bêtement et simplement coucher avec une femme. » Ce sera la discipline des deux frères, que cette hygiène élémentaire, à raison d'une possession par semaine. Rien d'autre qu'un besoin animal, un frottement, aux antipodes des embêtements de l'amour, bref un soulagement.

Le *Journal*, où la pudeur ne s'attache qu'aux sentiments, conserve deux gros plans de gymnastique vénérienne, le premier excitant et joyeux. Edmond enfant, séjournant à Bar-le-Duc chez sa cousine Fanny Curt, fraîchement mariée, était entré à l'improviste dans sa chambre à coucher au moment où, « la tête renversée, les jambes relevées et écartées, le derrière soulevé sur un oreiller », elle « était en position d'être enfourchée par son mari » : « Une bousculade des deux corps, dans laquelle le rose derrière de ma cousine disparut si vite sous les draps que j'aurais pu croire à une hallucination... » C'est cette vision que réveille la lettre de faire-part qui lui annonce le décès de Fanny. En revanche, Edmond se rappelle avec le plus profond dégoût son déniaisement, à l'âge de seize ans, par Mme Charles, « une courte femme, au torse rhomboïdal, emmanché de deux petits bras, de deux petites jambes, qui la faisait ressembler, sur son lit, à un crabe renversé sur le dos ».

« La femme n'est plus considérée comme une pondeuse et une jouissance d'agrément », notent encore les Goncourt. Peut-être songent-ils à ces voyageuses du désert qui, sans se flatter de leur maternité, obéissent bonnement à l'ordre de la nature ; elles arrêtent leur monture pour « mettre bas » (l'expression est des Goncourt) et, peu après, reprennent leur chemin.

Quant à la « jouissance d'agrément », si légère et si calme dans tel poème de Juvénal, on la chercherait en vain dans le coït moderne, assourdissant de vulgarité. Le *Journal* nous en offre la sténographie rebutante :

« Aujourd'hui, voilà le murmure, la respiration et le *han* de l'amour. C'est la femme qui parle et qui geint : "Ça m'attaque les nerfs...

Oh ! Bibi, je vais décharger… Hum… hum… hum… Fais-le !… Hum… hum… hum…"

Ici la femme a fini de jouir, l'homme continue. La femme : "Oh ! j'ai mal à une jambe… Fais ça, dis, cochon !… Oh ! c'est tout mouillé…" »

N'est-ce pas la chute d'un ange qui refroidit les Goncourt dans leurs exaltations naissantes ? La femme est naturelle, disait aussi Baudelaire, mais nous ignorions à quel point. Comme pour légitimer leur désenchantement, les Goncourt, Edmond surtout, se figurent un cloaque nauséabond. Ainsi, déshabillant la femme et pelant ce corps charmant qui le mettait en appétit, Edmond ne voit plus en elle qu'un « alambic à merde et à urine ». Dieu même est pris à partie, qui « avec sa toute-puissance, n'a rien inventé de plus idéal que des femmes qui chient… » Ou encore : « Les croyants sont très reconnaissants à Dieu d'avoir donné aux organes génitaux de la femme l'odeur qu'il ne donne à la crevette que huit jours après sa mort. » Entendait-il par là nous prémunir contre le péché de la chair ? Rien n'est moins avéré. Chez Magny, en avril

1864, l'on apprend que Jane Essler, une actrice de l'Odéon qui, d'après Gautier, ne manque pas de « mordant sur l'homme », dégage, selon Saint-Victor, une odeur de raie au beurre noir.

A l'âge de soixante-cinq ans, se trouvant dans une disposition quelque peu amoureuse à l'égard de la « seule jeune femme propre » qui l'ait aimé, Goncourt est néanmoins poursuivi par une idée fixe, « l'idée du caca, de la merde de la femme », « la plus puante des déjections et excréments de tous les animaux... Encore si le bon Dieu avait voulu que ce fût cette crotte brûlée, consumée de la gazelle et qui sent le musc ! » Sans doute Edmond a-t-il d'autres raisons de ne pas s'engager, mais c'est tout de même au lendemain de cette page, qu'il se résout à briser.

A la fin de sa vie, retombant de plus belle dans ses fantasmes scatologiques, il déplore que le Dieu de miséricorde n'ait pas au moins accordé à la femme des excréments différents des nôtres.

Le ton s'adoucit avec *Chérie*, l'ultime œuvre romanesque d'Edmond de Goncourt, la plus accomplie peut-être, et la plus dépouillée ; il ne s'y passe presque rien.

Couvée, comblée par son grand-père qui l'élève, le maréchal d'Haudancourt, futur ministre de la Guerre, Chérie, sans être géniale, possède l'aristocratie de la femme et la grâce, une grâce toute moderne. Elle est ce que l'on peut rencontrer de mieux au XIXe siècle, l'être rare, humain, « amoureusement parachevé », et non la femme « fabriquée à la grosse par le Créateur et dont il existe tant de douzaines en ce bas monde ».

Mais voilà une adolescente qui, dès sa dix-septième année, fiévreusement et de plus en plus déraisonnablement, court les bals (l'auteur en énumère plus d'une vingtaine), les raouts, les thés, les dimanches dansants, éblouissant Paris par son charme et l'originalité de sa toilette, travaillant à faire sensation, ne vivant que la nuit et ne s'attachant à personne, animée seulement d'une rage de « coquetterie féroce ».

Vierge candide, elle se figure le mariage comme un tour de danse entre un monsieur et une jeune fille dans l'obscurité d'une chambre. Or, c'est bien la question du mariage, de la chasse à l'époux, qui se pose dans *Chérie* sous le jour et de l'histoire sociale et de la fiction.

Qui épouse-t-on sous le second Empire ? Non plus le pâle fonctionnaire constitutionnel de la Restauration ou de la Monarchie de Juillet, mais le haut fonctionnaire. Être la femme d'un préfet, ce vice-roi du département, « voilà l'ambition sourde de la plupart des jeunes filles du monde officiel, de Chérie comme des autres ».

Chérie songe-t-elle à s'établir ? Le maréchal s'en enquiert discrètement. Non. Elle remet à plus tard son profond désir de mariage et de maternité. Pour un parti manqué, pense-t-elle, d'autres se présenteront indéfiniment. Mais le jour vient où ses amies convolent les unes après les autres et l'introduisent dans leur intimité. Qui ne perçoit, filtrée par l'innocence de Chérie, l'humeur de Goncourt dans cette peinture des milieux conjugaux : « ... c'était un peu comme si Chérie traversait des intérieurs pleins d'une impudeur glorieuse, de l'étal radieux d'un concubinage autorisé, de la conjonction exultante d'un monsieur et d'une dame au-dessus de la tête blonde d'un enfant : tableau prenant par instants, aux yeux de la jeune fille, l'aspect d'un phallus dessiné sur un mur. »

Chérie a trop tardé. Faisant le vide autour

d'elle par son désir, affiché, réfrigérant, de se marier à tout prix, avec n'importe qui, elle sombre dans ce qu'on appelle alors une maladie nerveuse. Un faire-part du maréchal d'Haudancourt annonce son décès dans sa dix-neuvième année.

La société bourgeoise se tourmente de ce qui, dans les domaines les plus divers, car les mœurs ne sont pas seules en cause, heurte l'hygiène et induit la démoralisation. Or, les Goncourt subvertissent cette dernière notion pour l'imputer à son contraire. Misogynes sacrilèges, ils osent dénigrer les plus insignes valeurs comme un obstacle aux instincts généreux de l'homme, comme une « grande machine de démoralisation ». Et pour comble, s'agissant de machine, une solution d'ordre mécanique leur vient à l'esprit : que les femmes aient une clef dans le nombril, mais pas n'importe laquelle, « une clef de poêle qu'on tournerait et qui les empêcherait de faire des enfants, quand on ne désirerait pas en avoir avec elles ».

Sous la plume des Goncourt, la bestialité

change de camp. Les médecins et hygiénistes du XIXe siècle la traquaient plutôt du côté des onanistes, des sodomites, des bradeurs de l'instinct, de toute cette engeance qui, dans des accouplements contre nature, faisait échec à la génération. Sur la plage de Trouville, les deux frères ne sont pas moins écœurés que le Dr Tardieu [1] explorant de l'index l'*infundibulum* d'un suspect : « Ici, cela regorge de familles. La maternité s'y étale, une sorte de maternité animale et poussinière. On sent que les bains de mer sont je ne sais quel lieu honnête et dégoûtant de reproductivité, un endroit où on mène sa femme pulluler. La mer, c'est un peu le seau d'eau au cul des juments. »

A ne pas prendre trop au sérieux, ce mot d'Edmond en 1891 : « Il y a des jours où j'ai lieu d'avoir un tel mépris intellectuel pour le moral de la femme qu'il me semble que si je revenais jeune et que si je refaisais de l'amour, je deviendrais pédéraste, parole d'honneur ! »

Ne nous méprenons pas à leur déchaîne-

1. Sur le Dr Ambroise Tardieu, voir Jean-Paul Aron et Roger Kempf, *Le Pénis et la démoralisation de l'Occident*, Grasset, 1978, p. 47.

ment inouï. Les Goncourt aimaient les femmes. Jules, du reste, en est mort. Leur misogynie ne signifie pas un rejet pur et simple ; elle ne va pas sans l'appréhension d'un servage, hommes et femmes ne luttant pas à armes égales. Dans la nuit du 13 au 14 juillet 1883, Edmond fait un rêve qu'il juge *biscornu* et que je qualifierais de gynécophobe. Lors d'une soirée fort habillée, il voit entrer une femme nue sous son châle. Sautant sur une table où trois jeunes filles sont en train de prendre le thé, elle se met à danser : « ... et, en dansant, faisait des écarts, qui montraient ses parties naturelles armées de la plus terrible mâchoire qui se puisse imaginer et s'ouvrant et se fermant, ainsi que les râteliers exposés dans les passages. Ce spectacle n'avait aucun effet libidineux sur moi, mais me remplissait d'une atroce jalousie et me donnait une envie féroce de m'approprier ses dents, moi qui commence à ne plus les avoir bien bonnes. »

L'Eve native

A force de discourir sur la femme, on finit par reconnaître qu'elle n'est peut-être pas indispensable, du moins pour le plaisir, et que, s'il n'y avait un pouvoir, une morale inspirés par les bourgeois du XIXe siècle, une autre créature, la fillette, obtiendrait tous les suffrages. Elle seule, écrit Goncourt dans *Chérie*, possède ce charme féminin « dont la femme faite a tant de peine à garder quelque chose ».

Entre hommes, chez Magny, ou bien en tête-à-tête, les confidences éhontées vont bon train. Gautier, le plus explicite de la bande, déclare qu'il ne peut aimer la femme qu'*insexuelle,* « c'est-à-dire si jeune qu'elle repousse d'elle toute idée d'enfantement, de matrice, d'obstétrique ; et il ajoute que ne pouvant satisfaire ce goût, à cause des sergents de ville, toutes les autres femmes, qu'elles aient vingt ou cinquante ans, ont pour lui le même âge ». J'étais très bien avec les d'Orléans, répète-t-il ; aujourd'hui, il faut que je le sois avec mon commissaire.

Zola s'alarme de son désir de coucher avec celle qui ne serait pas encore une femme : « ... je vois les Assises et tout le tremblement. »

Sainte-Beuve n'en pince que pour les blanchisseuses et les fillettes. Il voudrait donc moins de police dans les rues.

Renan lui-même se retourne vers les petites Bretonnes de son enfance : « Maintenant encore, la raison, les bonnes et douces choses m'apparaissent sous la forme d'une petite fille de douze ou quatorze ans, qui me fait un signe discret. »

Dans un bordel de Londres, Gavarni avait vu des matelots couchés avec des jeunettes de douze ans.

Qui ne serait tenté de dire : femme, suspends ton vol ! et d'arrêter au seuil de l'adolescence les bambines dont Edmond étudie jusqu'à la respiration : « abdominale » chez les plus jeunes, et semblant remonter « à mesure qu'elles se font fillettes [1] ».

Osons la question : y aurait-il chez les Goncourt un brin de pédophilie ? En vacances à la campagne, ils se laissent aller à redevenir enfants avec des enfants qui leur mordent et leur embrassent les mains, des petites filles de sept à dix ans. A peine si deux longues pages leur suffisent pour exprimer et leur jouissance et la crainte, voilée, d'aller trop loin : « C'est charmant, presque effrayant, comme la femme est déjà commencée en elles ; comme elles sont tout à fait de grandes femmes une minute, une seconde ; des femmes qui n'ont pas vécu et que le monde n'a pas touchées... »

La femme qui s'annonce, qui s'esquisse, dans ces moments bénis, justifie une espèce de picotement, un désir véritable que des métaphores innocentent aussitôt : « C'est comme une petite cour autour de nous, un frottement adorable de petits oiseaux et de petits anges. » Le mot « frottement » revient quelques lignes

1. En sympathie avec les Goncourt, Flaubert admire, dans l'enfance de *Sœur Philomène*, « le petit téton qui commence à se former sous les médailles bénies ». (Flaubert à Edmond et Jules de Goncourt, 8 juillet 1861.)

plus loin : « Il y a tout à coup dans l'enfant à qui vous donnez la main, une pression subite, un regard, un frottement contre vous, une prise de vous-même, des choses qui ont l'embrassement abandonné ou jaloux d'un geste de maîtresse. » Qui reconnaîtrait les Goncourt, hommes blasés, dans les jeux auxquels ils se prêtent (par exemple, le baptême d'une poupée), bêtifiant à l'occasion, mais ce n'est pas trop cher payer la volupté que leur offre ce « harem de fleurs » dont ils sont aimés.

En août 1868, nouvel émoi : dans le château de la Princesse, ils se passionnent, comme d'autres invités, pour une Italienne de quatorze ans dont l'amitié, « si attouchante, si embrassante », « ressemble presque à l'amour ». La Princesse en est jalouse : « Et quand ce soir, la petite, avec ses mouvements d'animal aimant, s'est approchée d'elle et a voulu lui gratter le dos, comme elle faisait tous les soirs, elle s'est instinctivement et brusquement écartée de la caresse de sa main. »

Voici encore, serré contre Edmond, Armand Lefebvre de Béhaine, un garçon de neuf ans, « tout de caresses » : « Sa main, quand il prend la vôtre, monte amoureusement le long de votre bras ; son corps se soude au vôtre, quand il marche à côté de vous. Il y a, dans ses attouchements et ses frottements à votre personne, quelque chose de l'enlacement du lierre et de la vigne. Sa petite chair rose, quand on la flatte de la main, on la sent heureuse. »

Relevant, en 1891, dans le *Journal* de 1872, le morceau sur Armand de Béhaine, Francis Poictevin, mal à l'aise, souffle à Edmond qu'il « n'aime pas ça ». Riposte de celui-ci : « Ah! qu'on voit bien que vous avez été élevé par un prêtre! Il n'y a que les prêtres pour découvrir, dans les choses les plus pures, de la saleté impure. » La remarque de Poictevin le blesse. Armand est mort d'une méningite, en 1874, à l'âge de onze ans.

Hommes de salons, d'intérieurs, de réunions, mais aussi piétons de Paris, les Goncourt ont l'art d'ouvrir les yeux au bon moment. Voici une gamine qui propose sa sœur de quatorze ans. Que le chaland ne s'inquiète pas; elle prendra ses précautions : « Elle devait dans la voiture, avec son souffle, faire de la buée sur les glaces de manière que les agents de police ne voient rien. »

Le 6 février 1862, vaguant à travers le Faubourg Saint-Jacques, ils tombent en arrêt devant une enfant au regard éblouissant : « Un miracle, une beauté, une aube ! Imaginez quelque chose d'angéliquement irritant, d'effrontément ingénu. (...) La femme n'a pas ce charme vainqueur de la petite fille, lorsqu'elle est pareillement adorable. »

Assis sur un banc du Jardin des Plantes, ils suivent le manège courtisan de toutes petites filles. Elles « tournent autour de moi [1], en me donnant leur regard derrière l'épaule, le tortillement de leur corps, la coquetterie déjà lascive de leurs jeux ».

D'autres polissonnes, de sept ou huit ans, font de l'œil aux messieurs attablés à la terrasse des cafés : « et je vois une mère obligée de ramener à elle l'attention de sa *fifille* en l'enveloppant de la caresse de sa main ».

Edmond a soixante-douze ans, quand Jules Renard observe dans son *Journal* : « Il a manqué à Goncourt d'avoir beaucoup d'enfants. »

1. Le *Journal* étant écrit de concert à la première personne, comment savoir si Jules et Edmond sont tous deux à la fête, ou bien s'ils se sont séparés, le temps d'une promenade ?

Hyménophobie

Ecrire ou se marier : c'est le dilemme que reconnaissent Flaubert, les Goncourt, Huysmans, ces parangons de la littérature célibataire [1]. L'on sait combien Flaubert répugnait au mariage, symbole d'embourgeoisement, de moutonnerie et souvent de démission. « Vois-tu, écrit-il à Louis Bouilhet, la famille où s'élève, dans une tiède atmosphère, la jeune personne qui doit être mon épouse ? Mme Gustave Flaubert ! Est-ce que c'est possible ? Non, je ne suis pas encore assez canaille. » S'il se délecte, dans sa correspondance, des tableaux de noces et de l'apodictique voyage en Italie, c'est pour les tourner en dérision : « Ah ! sacré nom de Dieu ! que je regrette de ne pas être à Rouen

1. On relira, à ce propos, de Jean Borie, *Le Célibataire français*, Le Livre de Poche, 2002, et *Huysmans, le Diable, le célibataire et Dieu,* Grasset, 1991.

pour assister au mariage de Baudry ! Voilà de ces scènes qui sont sublimes. » Et les épousailles de Lormier fils : « Ce doit être bougrement fort. »

L'on sait aussi que Flaubert avait éprouvé beaucoup de chagrin du mariage de ses intimes, d'Alfred Le Poittevin surtout. A suivre la « marche normale », ses amis ne trahissaient pas seulement la promesse d'une vie ensemble, mais les « espoirs d'art » qu'il mettait en eux.

Quand lui parvient, en Egypte, par sa mère, la nouvelle du mariage d'Ernest Chevalier, Flaubert abat ses cartes avec une espèce de rage :

« A quand la noce ? me demandes-tu à propos du mariage d'Ernest Chevalier ? A quand ? A jamais je l'espère. » Le mot d'établissement, une italique suffit à le subvertir : « Moi aussi, je suis *établi*, en ce sens que j'ai trouvé mon assiette, mon centre de gravité. (...) Le mariage serait pour moi une apostasie qui m'épouvante. La mort d'Alfred n'a pas effacé le souvenir de l'irritation que cela m'a causé. Ça a été, comme pour les gens dévots, la nouvelle d'un grand scandale donné par un évêque. »

Si le mot célibat n'est pas ici prononcé, c'est que celui-ci n'est pas vécu comme un choix originel, mais « comme une conséquence du choix originel[1] » qui oriente la vie de l'écrivain. En descendant jusqu'au mariage, Chevalier renonce à l'imagination et jette son froc aux orties.

La situation des Goncourt est exceptionnelle. Nul doute que Flaubert ne les ait enviés. C'est son rêve que réalisent Jules et Edmond, moralement semblables aux frères Zemganno, et, comme eux, jumelés par le travail. « L'homme qui s'enfonce et s'abîme dans la création littéraire, écrit Goncourt, n'a pas besoin d'affection de femme, d'enfants. Son cœur n'existe plus, il n'est plus qu'une cervelle. » Point d'épouse à demeure, ni de fil à la patte, mais, au-dehors, des citoyennes de petite vertu, parfois tout naturellement partagées[2].

Plutôt que de s'entêter à leur trouver une épouse, les femmes du monde devraient procurer aux Goncourt la maîtresse dont ils publient, phallocrates, le portrait utopique : « ... une maîtresse à qui je donne à boire et à

1. Jean Borie, *Le Célibataire français, op. cit.*, p. 23.

2. Comme en témoigne la note du 1er décembre 1863 : « Henri Monnier ferait des volumes avec notre maîtresse. »

manger tous les huit jours, jamais plus, qui arrive à six heures et demie précises ; une maîtresse qui a un métier, qui l'occupe et dont elle vit ; que je reçois sans me faire la barbe, que je ne reconduis jamais ; qui jamais, dans l'intervalle, ne conçoit pas même l'idée de me déranger en venant m'embrasser, qui de plus ne m'écrit jamais ; une maîtresse qui, pour un peu, ne saurait pas lire et ignore absolument jusqu'aux titres des livres que je fais ; une maîtresse avec laquelle nous avons supprimé tout ce qu'on met de *machine* autour de la chose, poésie, tirades, filandres épistolaires, jusqu'à cet "échange de deux fantaisies", ne laissant que le contact de deux épidermes... »

Il est arrivé, au moins une fois, que les Goncourt, si forts contre la femme, se soient sentis troublés au point de « considérer l'amour comme une chose pouvant arriver et le mariage comme un suicide auquel on peut être amené ». Elles avaient, ces Allemandes, des cheveux blonds, des yeux bleus et un côté XVIIIe siècle gracieux et souriant. C'était à Berlin, en septembre 1860.

Si réglée que soit leur vie, ils ne sont pas à l'abri d'un emballement. N'y aurait-il pas danger à voir Mme Marcille trop souvent ? Et s'ils se mettaient à l'aimer ? Ses yeux sont si étranges, si profonds ! Il pourrait en sortir un beau roman, un roman « non de possession charnelle, mais de la possession absolue de tout ce qui me charme en elle ». Ainsi, le lettré, en quête d'un alibi, se rassure devant le document humain. Pour Mlle Abbatucci dont il apprécie la merveilleuse ingénuité, Edmond écrit : « Si j'étais plus jeune, je serais tenté de l'épouser pour faire sur la femme, sur la demoiselle de ce temps, des romans comme il n'y en a pas et comme il n'y en aura pas. » Sans passer par le mariage, il a fait d'elle *Chérie*.

Inconsolable de la mort de son frère, Edmond avait dû se raisonner pour prévenir la double servitude de la passion et de l'établissement. Nous ne saurons pas le nom de celles qui le mettaient en péril [1]. Gentleman soucieux de ne pas les compromettre, il les désigne par *elle*, *on*, ou Mlle ***. Peu nous importe, du reste, leur état civil. Mais rien n'est plus curieux que la façon dont Edmond se ressaisit et retrouve une liberté quelque temps menacée. Soit une personne dont le physique l'habite

1. Voir André Billy, *Vie des frères Goncourt*, *op. cit.*, III, p. 19 *sq.*

jour et nuit, « aussitôt que (son) cerveau n'est pas occupé par une pensée littéraire » : un bras, une gorge naissante, une « petite couette de cheveux du plus blond vénitien duvetant sa nuque ». Il serait dangereusement empoigné si ne défilaient à propos des réserves salvatrices : l'intelligence *petite fille* de cette beauté, son côté *gnan gnan*, et, certain jour, un col serré gonflant le bas, un peu gras, du visage, « une ressemblance avec Louis XVI » qui jette un froid. Enfin, dernière perche à saisir, ou porte de sortie : Edmond lit dans les yeux de cette femme qu'elle est partie à la conquête d'un mari.

Les années 1887 à 1891 sont lourdes de menaces pour la tranquillité de Goncourt : follement aimé, il ne sait comment se dérober sans se montrer indélicat. Et quand, le 14 juin 1887, Mlle *** lui annonce sa visite à l'heure du déjeuner, il croit perdre la tête. Toujours mordu par « l'animal spermatique », il se sent incapable de ne pas donner, à un moment ou à un autre, à son adoratrice « ce baiser sur la bouche auquel une femme qui a vraiment un sentiment ne résiste pas ; et le baiser avec ses suites, quand on n'est pas en bronze, ça conduit, à mon âge, un peu plus tôt, un peu plus tard, au mariage... » Plutôt que de suivre cette voie, Edmond fait le mort sans se dissimuler le comique de la situation. Tout en recevant Mlle ***, Pélagie a ordre de dire que Monsieur est absent. « Et je m'enferme dans ma chambre, où je me couche après avoir fermé les persiennes... Un roulement de voiture, un coup de sonnette, la porte ouverte, et au bout de cela, la voix de Pélagie, criant à sa fille qui était dans sa chambre : "Blanche, descends mettre un petit couvert à Mlle ***." Bon, elle venait me demander à déjeuner ! Et la voilà qui s'installe, qui déjeune lentement ; et j'entends ensuite ses petites bottines faire crier les cailloux de mon jardin pendant une demi-heure, pendant que je me tiens coi dans mon lit, n'osant pas tousser, de peur qu'elle ne m'entende, et mourant de faim. (...) Enfin, à deux heures, elle était partie et je me suis mis à déjeuner. En voilà des aventures pour un homme de soixante-cinq ans, mais parole d'honneur ! je soupire après la vie sans aventures. »

Le 22 juin, sous prétexte d'un rendez-vous à Champrosay, Edmond n'ira pas la voir le jour de sa fête. Grande tristesse néanmoins : « Je me rappelle un serrement de mon bras contre son cœur, un mercredi que je lui ai donné le bras pour la mener à la table de la Princesse, qui ne pouvait pas être une comédie... » Et de détailler les raisons qu'il a de briser : son âge qui ferait d'elle, tôt ou tard, une garde-malade – et, surtout, les promesses faites à son frère mourant, d'aller jusqu'au bout, de ne pas se marier, de fonder l'Académie dont ils ont eu l'idée.

Elle ne renonce pas pour autant et, en mai 1889, lui redemande sa main : il sera son *mari chéri*, son *mari bien-aimé*. Des locutions qui seraient de nature à refroidir le Goncourt le mieux intentionné.

En juin, elle est au plus près de l'homme qu'elle convoite :

« *On* est venu s'établir dans une petite maison louée dans la villa et qui est derrière mon hôtel, en sorte que je ne me risque plus à me promener dans le jardin. »

Le 20 juillet 1891, lettre brutale d'Edmond, pour tuer à jamais l'illusion du mariage chez l'infortunée : « Aujourd'hui, j'ai reçu d'elle un billet contenant ces mots : "Mon pauvre moi !" – billet qui m'a fait triste toute la journée. Au fond, il se pourrait bien que la pauvre fille fût la seule femme qui m'ait vraiment aimé ! »

Le 6 décembre, Edmond lui réitère, brutalement, son refus de convoler.

Un long et fastidieux combat que déréalise, peu après, un cauchemar cocasse et limpide : « Une demoiselle, à laquelle j'ai fait la cour dans les temps passés, arrivant en grand manteau de deuil, de la traîne duquel sortait soudainement un petit prêtre, pareil à ces diablotins jaillissant d'une boîte, qui, un grand papier à la main, l'étendait sur mon lit et me faisait signer un mariage *in extremis.* »

Curieux de connaître les bénéfices de l'hyménée, les Goncourt questionnent leurs amis. Fromentin, s'il n'avait ni femme ni enfants, s'il n'était père et grand-père, cesserait de peindre et se retirerait pour écrire. Faute de moyens, il poursuit sa double vocation. Gustave Doré souffre de son célibat, parce qu'il y a en lui le sentiment de la continuité par l'enfant. Daudet ne peut se survivre que dans sa progéniture, la littérature ayant été pour lui une simple dépense d'activité, « comme elle aurait pu se produire dans toute autre manifestation ». Popelin se félicite d'être père ; les choses qui lui semblaient aléatoires, lui apparaissent désormais sous le jour de la « perpétuité ». Mais c'est à Saint-Victor que revient la palme du géniteur.

Les Goncourt s'en convainquent sur le vif en le voyant traîner, dans la grande rue de Montmorency, la poussette de sa mioche :

« A la voir sourire, sa figure s'illumine d'un sourire à la fois bête et divin : l'extase de Prudhomme, une joie bestiale de propriétaire, le transfigure. »

L'erreur de l'homme

Les Goncourt, dans leur *Journal,* signifient, d'assertion en assertion, le joli petit néant de la femme. Au contraire, dans *Charles Demailly* ou *Manette Salomon,* la misogynie couve, émerge, se motive. Bref, elle prend corps. Si vous ne me croyez pas, nous disent les Goncourt, voyez quels désordres, quels malheurs une femme peut apporter dans la vie d'un artiste.

Pour Charles, ce n'est pas faute de s'être cuirassé, d'avoir pris de bonne heure les plus vigoureuses résolutions. Il n'avait « qu'un amour, qu'un dévouement, qu'une foi : les lettres. Les lettres étaient sa vie ; elles étaient tout son cœur. Il s'y était voué tout entier ; il y avait jeté ses passions... »

Charles collabore au *Scandale,* au *Monde des arts*, écrit un livre – *La Bourgeoisie* – qui sera éreinté, un livre avec lequel il aura vécu

« maritalement ». De plus, il travaille à une pièce de théâtre. Dans le milieu, hétéroclite et bavard, de plumitifs et de bohèmes qu'il fréquente, la femme et le mariage font régulièrement les frais de la conversation. Charles épousera-t-il un jour ? Lamperière lui représente que, l'âge venu, la solitude, sa liberté d'hier, lui pèsera. Alors, il se mettra à penser « que la famille est le second avenir de l'homme et que la femme est la moitié de la famille ».

« En un mot, le mariage ? – dit Demailly ; – malheureusement, le mariage nous est défendu.

— Pourquoi ?

— Parce que nous ne pouvons faire des maris... Un homme qui passe sa vie à attraper des papillons dans un encrier est un homme hors la loi sociale, hors la règle conjugale... D'ailleurs, le célibat est nécessaire à la pensée... Quoi encore ? La paternité ?... un berceau ?... des enfants ?... Mais qu'est-ce qu'un enfant ? un morceau de vous-même qui porte votre orgueil et prolonge votre nom, un petit peu d'immortalité que vous caressez sur vos genoux... Nous avons bien mieux : nos enfants, ce sont nos œuvres ! »

Au lieu d'une épouse, Charles entretient

une maîtresse qu'il mène à la baguette, lui interdisant « de le troubler dans son travail ou sa paresse, de tomber, en un mot, chez lui comme l'amour ou un billet de garde ». Il l'avait « admirablement dressée, par des rendez-vous fixes, immuables, par des jours convenus, par des heures consacrées, à la ponctualité d'une révolution solaire ».

Au chapitre XXXVI, il en est encore à laisser l'amour en pâture à l'homme positif – épicier, commerçant ou politique.

Et c'est dès le chapitre suivant que sa vie entière bascule, dans la loge du Gymnase où l'a convié Rémonville. Tous deux bâillent au spectacle et s'apprêtent à quitter le théâtre, quand Charles, soudain, remarque et dévisage, au bout de sa lorgnette, une jeune fille aux cheveux blond cendré, Marthe, qui vient d'entrer en scène. Le voilà allumé, moins par la femme que par l'actrice ; il reconnaît, incarnée en Marthe, la Mobalpa de sa pièce. Telle est aussi, dans *Manette Salomon*, l'erreur de Coriolis, le peintre, « qui s'éprend comme homme de la femme qui l'a inspiré comme peintre [1] ».

1. Michel Crouzet, préface à *Manette Salomon,* Gallimard, Folio classique, 1996, p. 12.

De Rémonville n'avait pas manqué de souffler à son ami que Marthe avait une mère qui la destinait au mariage. Peine perdue ! Trois mois après le bal costumé où Charles et Marthe se rencontrent, le *Scandale*, bien nommé, publie, sans commentaires, la nouvelle de leur union.

Les effusions et les folles caresses, les folâtreries, les enfantillages de l'amour ne font pas long feu. Les distractions s'usent à leur tour. Charles déchante insensiblement. Ce ne sont d'abord que des riens, des grains de sable dans le ménage. L'article de Nachette, un ancien du *Scandale,* démolissant *La Bourgeoisie* pour s'assurer, par cette volte-face, la bienveillance de la grande presse, avait irrité Charles comme une trahison, une « apostasie littéraire » et profondément blessé Marthe, non dans son cœur, mais dans son amour-propre d'épouse. Du coup, elle soupçonne Charles de n'être pas tout à fait à la hauteur. Charles, je l'ai dit, a une pièce en chantier, mais comme il n'a pas encore fait de théâtre, Marthe l'exhorte à s'associer avec un vaudevilliste qu'elle admire, Voudenet, qui gagne un argent fou et qui, ayant horreur des bibelots et des antiquailles, vient de s'offrir une sorte de salon de dentiste américain. Tout ici se passe de commentaire.

Les Goncourt éprouvent, à détailler les désillusions de Charles, un écœurement et une jouissance qui les apparentent à Flaubert.

Quoi ? Mme Demailly s'emballe pour *L'Homme aux trois culottes,* de Paul de Kock (« Il sait mettre en scène, cet homme-là... »), soutient que les hirondelles sont les plus maternelles des oiseaux et se délecte, bouleversée, à lire dans le journal la liste des prix Monthyon. « Comme il y a de beaux cœurs !... » soupire-t-elle. « Il y a, entre autres, une domestique âgée de soixante-dix ans... c'est sublime ! »

La veille, Charles l'avait emmenée dîner chez de vieux amis tombés dans le besoin et qui l'avaient entourée de mille prévenances. Que se rappelle-t-elle de cette soirée ? Que la liaison des petits pois était tournée : « D'une amitié qui lui avait tendu cordialement la main, Marthe n'avait gardé que cette impression : *La liaison des petits pois était tournée.* »

Un autre jour, Charles et Marthe s'arrêtent, sur la butte Montmartre, dans le jardin d'un cabaret. Marthe tient entre ses mains une tasse de lait :

« — Tout de même, nous avons découvert

Montmartre, – dit Charles au bout de quelques minutes de silence.

— C'est un peu haut, – fit Marthe avec un demi-sourire.

— Oui, mais c'est un peu beau : c'est la plus belle vue du monde.

— Ah ! – dit Marthe.

Et elle se remit à boire son lait gorgée à gorgée. Charles fumait. Ils se turent. »

Non loin du couple, une mère tient dans ses bras un bel enfant aux cheveux blonds :

« — Pauvre enfant ! – dit Charles. – As-tu vu ? il est aveugle...

— Tiens ? – fit Marthe.

Ce *tiens !* tomba si sec dans cette petite bouche, qu'il passa quelque chose de froid dans la poitrine de Charles. »

Le « un peu » répété, le « Ah ! », le « gorgée à gorgée », le « Tiens ? », la « petite bouche », ces miniatures romanesques, irréductibles au commentaire savant, que peut-on en dire, sinon qu'ils traduisent en sourdine le désenchantement de Charles.

Dès lors qu'il enfreint son vœu de célibat, l'artiste va vers son déclin et sa déchéance [1].

1. C'est pourquoi les frères Zemganno, avec leur

L'écrivain travaille de moins en moins, de plus en plus mal, et le peintre aussi, dans *Manette Salomon.* Il leur manque de savoir rompre plutôt que de ravaler leurs griefs, de prendre la porte ou d'allumer un cigare. Demailly n'est pas dupe. Dans la lettre qu'il adresse à Chavannes, son ami d'enfance, son unique soutien, il raconte Marthe froidement, comme si elle était la femme d'un autre.

Elle n'a pas de cœur, peu importe ! « On vit très parfaitement avec des gens sans cœur ; j'en connais de charmants dont l'intimité est très agréable. Je croyais que c'était un sens de la femme : il n'y en a pas de trace dans la mienne, voilà tout ; et ce serait peu de chose... mais ma femme est bête, mon cher ami. » Non pas d'une bêtise ordinaire, naturelle, mais d'une bêtise « endimanchée » : « Son esprit est un rendez-vous de banalités, de pensées communes et publiques, de superstitions bourgeoises, d'idées qu'on pourrait dire surmoulées, de préjugés épidémiques, cette terrible sottise enfin, la plus impatientante de toutes, la sottise éduquée et façonnée, l'ignorance acquise. »

---

religion du muscle, s'abstiennent de la femme et de tout ce qui diminue la force.

A quoi bon cette lucidité, ces rébellions sans lendemain ? Secrètement en guerre contre Charles, Marthe n'aura de cesse qu'elle ne l'ait usé, humilié, isolé. Depuis l'origine, c'est l'actrice qui l'emporte. Le théâtre, qui avait été pour Charles lieu de confusion et germe de malheur, Marthe s'en inspire sataniquement. Le rôle qu'elle joue aujourd'hui au Gymnase, dans *Le Démon du foyer*, d'une charmante jeune femme se moquant de l'amour, « et pour laquelle un mari mourait sans qu'elle l'aimât », elle ne le quittera plus : « L'esprit d'agression dont elle n'avait point encore donné de preuves à Charles se démasqua. Elle dressa son humeur à devenir batailleuse. Ses chatteries prirent des griffes. – Le rôle avait déchaîné la femme. »

De tant de coups l'artiste ne se relèvera pas. Liberé de Charenton, ayant oublié jusqu'au langage, réduit à une masse de chair, il végétera comme une bête.

Manette Salomon, ce « gros cargo de roman », comme dit Jean Borie [1], retrace en cent

1. Jean Borie, *Une forêt pour les dimanches*, Grasset, 2003, p. 261.

cinquante chapitres une histoire de la peinture française de 1840 à 1860, et, conjointement, remet sur le tapis la question obsédante du mariage de l'artiste. Héritier d'un oncle fortuné, Coriolis revient de l'île Bourbon pour recueillir sa succession. Comme il a besoin de compagnie et qu'il ne veut pas s'encombrer d'une maîtresse, il accueille à demeure son ami Anatole, peintre raté, bohème, paresseux, blagueur, et son singe Vermillon, vrai fils adoptif, tendrement aimé. Le geste de Coriolis n'est rien moins que désintéressé. Il reçoit comme un viatique ce compagnon qui devait éloigner de lui « la tentation d'une fin qu'il s'était toujours défendue : le mariage ». C'est au moment où ce curieux trio, ménage de deux artistes et d'un singe, promis à des jours heureux, s'installe dans un grand atelier de la rue de Vaugirard, que nous est rapportée, en termes quasi religieux, la profession de foi de Coriolis :

« Coriolis s'était promis de ne pas se marier, non qu'il eût de la répugnance contre le mariage ; mais le mariage lui semblait un bonheur refusé à l'artiste. Le travail de l'art, la poursuite de l'invention, l'incubation silencieuse de l'œuvre, la concentration de l'effort lui paraissaient impossibles avec la vie conjugale, aux côtés d'une jeune femme caressante et distrayante, ayant contre l'art la jalousie d'une chose plus aimée qu'elle, faisant autour du travailleur le bruit d'un enfant, brisant ses idées, lui prenant son temps, le rappelant au *fonctionnarisme* du mariage, à ses devoirs, à ses plaisirs, à la famille, au monde, essayant de reprendre à tout moment l'époux et l'homme dans cette espèce de sauvage et de monstre social qu'est un vrai artiste.

Selon lui, le célibat était le seul état qui laissât à l'artiste sa liberté, ses forces, son cerveau, sa conscience. Il avait encore sur la femme, l'épouse, l'idée que c'était par elle que se glissaient, chez tant d'artistes, les faiblesses, les complaisances pour la mode, les accommodements avec le gain et le commerce... Et au bout du mariage, il y avait encore la paternité qui, pour lui, nuisait à l'artiste, le détournait de la production spirituelle, l'attachait à une création d'ordre inférieur... »

Cette page n'a rien d'une digression ; toute la suite en découle. A Coriolis de l'orienter. Elle fonde une histoire dont il est, en somme, l'auteur, sans savoir qu'il en sera le sujet.

Impressionné par l'Orient dont il garde la

nostalgie, Coriolis se met à un *Bain turc* qui reste à l'état d'esquisse, faute du corps, du galbe auquel il rêve pour la figure principale.

A Paris, dans l'omnibus, une femme monte qu'il n'aperçoit que par éclairs, qu'il devine plutôt, et qui descend au bout de la rue du Vieux-Colombier. Cette femme dont il n'a entrevu dans la pénombre que les cheveux, la tempe, un bout d'oreille, et qu'il décrit à Anatole, celui-ci la reconnaît : c'est la Manette, la Salomon, un modèle de dix-huit ans.

Convoquée à l'atelier, Manette ne se présente pas. Anatole et Coriolis la retrouvent par hasard, rue du Château-d'eau, dans le bal public où l'on célèbre la *Pourim.*

Le lundi suivant, elle vient prendre la pose. « C'est dans la pose seulement, écrivent les Goncourt, que la femme n'est plus femme, et que pour elle les hommes ne sont plus des hommes. La représentation de sa personne la laisse sans gêne et sans honte. Elle se voit regardée par des yeux d'artistes... » Cependant, Coriolis, ébloui, jette sur le corps dénudé, ensoleillé de Manette, chef-d'œuvre de la nature, la baigneuse de son *Bain turc,* un regard alternativement studieux et concupiscent dont elle perçoit l'ambiguïté : « Sous cette attention qui semblait ne pas travailler, Manette à la fin éprouva une sorte d'embarras. » Plus d'une fois, Coriolis paiera Manette pour le seul bonheur d'avoir devant lui non le modèle, mais la femme. Elle ne se laissera pas prendre à ce jeu « où elle trouvait une sorte d'humiliation » et préférera les artistes qui la faisaient travailler vraiment. Oubliant la règle qu'il s'était imposée, Coriolis n'a qu'une idée en tête : avoir Manette tout à lui, obtenir qu'elle ne pose plus pour d'autres, et, surtout, habiter avec elle. Manette finit par y consentir.

Epuisé par son travail et souffrant de la chaleur de juillet, Coriolis tombe malade. Le trio – Coriolis, Manette, Anatole – se décide pour un très long séjour à la campagne (Barbizon et la forêt de Fontainebleau). Les domestiques restent à Paris ; Vermillon est confié à la concierge. A son retour, Anatole, fou de chagrin, découvre Vermillon à demi paralysé ; il avait dû prendre froid dans la loge. Manette ne se contient plus : « – Oh ! qu'il pue ! – dit Manette en regardant Vermillon par-dessus l'épaule de Coriolis qui était venu le caresser, et elle alla se rasseoir, à distance, au fond de l'atelier. » Vermillon meurt peu après dans les bras d'Anatole effondré : « Tiens ! il pleure!... Anatole qui pleure vraiment! – fit Manette. »

Soumise, docile, effacée, peu absorbante au chapitre CV, idéale pour des « nerfs d'artiste », Manette n'est encore que ce que Drumont appelle une « juive vague ». Devenue mère au chapitre CVIII, elle s'avère radicalement : « Des entrailles de la mère, la juive avait jailli. Et la persévérance froide, l'entêtement résolu, la rapacité originelle de sa race, s'étaient levés des semences de son sang, dans de sourdes cupidités passionnées de femme rêvant de l'argent sur la tête de son enfant. »

Au commencement de son histoire, on l'avait connue insensible aux bijoux, aux richesses, à la toilette, ni vénale ni intéressée, coquette seulement de son corps. Mais aujourd'hui, la maternité ayant tué le modèle, Manette aperçoit dans l'œuvre du peintre une promesse non seulement de gloire, mais de revenus pour les siens. On la verra dissuader Coriolis d'offrir à Crescent, le paysagiste qu'il admire, un de ses meilleurs dessins « représentant de l'argent ».

Cependant, Coriolis change de genre. Croyant avoir trouvé le *moderne,* il attaque deux grandes toiles, *Un conseil de révision* et *Un mariage à l'église,* avant de peindre la plage de Trouville. Des œuvres exposées dans l'indifférence ou la réprobation ; ainsi, le nu d'un conscrit passait pour vulgaire ou blasphématoire.

Coriolis s'était tué à la tâche : quinze mois pour les deux premières toiles et plusieurs semaines pour l'ébauche de la troisième.

Amer, affaibli, il est, à point nommé, repris par son mal de poitrine. Manette l'entraîne à Montpellier et profite de sa convalescence pour le soustraire à son milieu, à ses habitudes, et, surtout, à la grande amitié de sa vie, Anatole. C'est un homme dépendant, dépossédé, dégradé qui regagne Paris. Son atelier a été vidé de ses bibelots, tous vendus, son intérieur est méconnaissable. Manette y a établi deux bonnes hommasses et insolentes, sa mère ankylosée, son jeune frère, une tribu marmottant des prières. Son fils ne vit plus que dans les jupes de ces femmes. On incite Coriolis, si élégant autrefois, à s'habiller chez un petit tailleur bon marché, à n'exécuter plus que des œuvres mercenaires. Ses amis se sentent indésirables. Plutôt dîner au restaurant ! « Moi, lui dit Massicot, quand je regarde le papier de ta salle à manger, il me prend des envies de casser mon assiette sur le nez de tes bonnes... et de prier ta femme... pas poliment... d'aller se coucher ! »

En novembre 1867, Flaubert écrit aux Goncourt : « L'enfoncement de l'artiste par la femme, les doutes qu'il a de lui-même, toute cette fin m'a navré. C'est neuf, vrai et fort. »

Dans les derniers chapitres, Coriolis vaincu s'éclipse jusqu'à n'être plus qu'une silhouette rasant les murs au sortir de la mairie où il vient de se marier. Mais une nouvelle vie commence pour Anatole, le raté, l'ami des animaux, nommé aide-préparateur au Jardin des plantes. Le roman se rouvre sur le tableau de sa félicité.

Nos frères misogynes, dans leurs emportements et leur aigreur, ne pointent pas seulement une marâtre nature. Ils soulignent à satiété que la femme s'en est allée avec la société nouvelle.

Au XVIIIe siècle, des bourgeoises, parties de rien, s'étaient illustrées par leur raffinement et leur esprit. Ainsi, Mme de Pompadour, être de fantaisie, génie politique, patronne des lettres et des arts, femme de cœur aussi. Dans *Ceci n'est pas un conte*, de Diderot, Mlle de La Chaux étant tombée dans le besoin, c'est Mme de Pompadour qui vole à son secours.

Mais nous sommes en 1862!... Qu'est-ce que la Cour? « Des parvenus, des millions sans passé... (...) Au milieu de cela, l'Impératrice, tête vide, folle de toilette, (...) montrant en toute sa personne, de ses goûts à sa personne, la baisse de niveau de la valeur de la femme du XVIIIe au XIXe siècle, d'une Pompadour à une Montijo... »

Comment les Goncourt, ces orphelins de l'Ancien Régime, ne se sentiraient-ils pas déplacés en un temps où le ravaudage des chaussettes revêt une solennité dramatique? Mme Jules Simon s'y échine dans les petits appartements de Mme du Barry. A la manufacture de Sèvres, M. Salvetat, l'administrateur, introduit ses visiteurs dans une pièce où sa femme fait des confitures. A Versailles, des députés, des fonctionnaires souillent le somptueux palais « de leurs bourgeoises tables de nuit et de leurs bidets égueulés ».

Entre deux siècles qu'ils jugent par comparaison, les Goncourt font la navette. Ils se voient délaissés, alors qu'ils ne passent pas une journée entière chez eux. C'est que leurs sorties n'en ont que le nom. Jadis, souligne Edmond de Goncourt, la vie se passait à l'extérieur, en occupations galantes, de l'adolescence à la mort. La maison n'était que le lieu où l'on couchait. Or, maintenant que le commerce du monde s'est vulgarisé ou perdu, quelques raffinés éprouvent le besoin d'un *home* qu'ils peupleront d'objets aimés : dessins, livres, bibelots. « Au XVIIIe siècle, écrit Goncourt, il n'y pas de *bibeloteurs* jeunes : c'est la différence des deux siècles. Pour notre génération, la *bricabracomanie* n'est qu'un bouche-trou de la femme qui ne possède plus l'imagination de l'homme, et j'ai fait à mon égard cette remarque que, lorsque par hasard mon cœur s'est trouvé occupé, l'objet d'art ne m'était de rien. »

Le *home* des Goncourt, ce sera, au 53 du boulevard Montmorency, la *Maison d'un artiste*, que nous visiterons de fond en comble, et, pour le jardin, de saison en saison, jusqu'à la première chute de neige.

IV

Les antisémites

Un juif est un juif

Les Goncourt ne s'en cachent pas : ils sont antisémites, comme les Daudet, comme Jean Lorrain qui, pendant plusieurs nuits, en fait des cauchemars, « criant à sa mère : "Maman, j'ai des Juifs dans mon lit!", tout comme il aurait crié : "Maman, j'ai des punaises!" » Flaubert, moins passionné, lit *Manette Salomon* d'un ton presque bonhomme, navré des « embêtements » causés à Coriolis par la juiverie. Les Goncourt, eux, sont antisémites rageusement, follement, comme ils sont misogynes. Ne serait-ce pas, se demande André Billy [1], le produit d'une vieille rancune? Sartre [2] propose, sans pousser plus avant, d'en rechercher

1. André Billy, *Vie des frères Goncourt*, *op. cit.*, II, p. 19.
2. Jean-Paul Sartre, *L'Idiot de la famille*, Gallimard, 1972, III, p. 570.

l'explication dans la « protohistoire » des deux frères.

A Emile Straus, Edmond déclare sans détours être « l'ennemi théorique de la race juive », tout en entretenant des relations, amicales ou mondaines, avec « des individus de cette race ». D'être, en effet, hautement antisémite n'empêche pas Edmond d'ouvrir sa porte aux Rothschild de Vienne, d'avoir ses entrées chez d'autres Rothschild et de côtoyer des juifs chez la princesse Mathilde, quitte à les fustiger sur le papier.

Physiquement, note-t-il, les juifs se ressemblent peu ou prou, tous rebutants. C'est sans doute pourquoi le *Journal* nous les représente souvent, à l'entrée d'un salon, agglutinés, l'un d'eux se distinguant par une laideur accrue. Dînant chez Fasquelle, en février 1895, Edmond, fasciné, enregistre une « collection de têtes de Juifs, parmi lesquelles se montre la tête rogue et grinchue du nommé Samuel ». Ce sont les têtes qui l'affectent d'abord. Celle de Straus « avec sa paralysie bestiale des paupières et la ride en fer à cheval de son front », ou de Raphaël Bischoffsheim, fils d'un banquier allemand, « horrible à voir » ; ou de « cet affreux Reinach, au nez écrasé, aux deux yeux hors la tête comme des yeux de boxeur pochés » ; ou d'Albert Wolff, « avec sa bouche au caricatural sinistre d'un masque de théâtre japonais » ; ou de James de Rothschild, « une monstrueuse figure, la plus plate, la plus basse et la plus épouvantable face batracienne, des yeux éraillés, des paupières en coquille, une bouche en tirelire et comme baveuse... »

Orfèvres en tératologie, les Goncourt cisèlent des métaphores, quand ils ne se contentent pas, courant au plus pressé, d'éructer des superlatifs (le juif le plus hideux, le plus abominable, le plus abject, etc.).

La « bouche en tirelire », cet euphémisme, s'agissant de millions engloutis, suggère, l'on s'en doute, la cupidité. Les Goncourt prennent pour cibles des banquiers (les Rothschild, les Pereire, Mirès), des éditeurs (la famille Lévy), des propriétaires de journaux, tous fils d'Abraham et symboles du monde de l'argent. « A la Bourse, aurait dit un Rothschild, il y a un moment où pour gagner, il faut savoir parler hébreu. »

Sans doute, le *Journal* recoupe, inévitablement, les stéréotypes ordinaires (appétit du lucre, ruses et trahisons, lubricité), mais ce que relatent et revendiquent les Goncourt, à tout bout de champ, c'est une originalité, un vécu qui est le leur, une répulsion singulière [1]. Sur ce sujet aussi, ils prétendent donner le *la.*

J'imagine qu'Edmond entend par « ennemi théorique » une hostilité inconditionnelle, à la fois réfléchie et viscérale [2]. Toujours est-il que le *Juif* (orthographié avec une majuscule, contrairement au *chrétien*), se déprécie à l'instant même où il paraît.

---

1. Et sans se réclamer d'une idéologie. Leurs premières piques antisémites sont de quelque trente ans antérieures à *La France juive* de Drumont, paru au printemps de 1886.

2. S'expliquant dans *La Libre Parole* du 7 mars 1896 sur « Les Juifs et *Manette Salomon* », Goncourt déclare éprouver, non la haine des individus, mais la peur d'une race dont il redoute qu'elle ne s'approprie la fortune de la France et ne tienne dans l'asservissement « une population de catholiques miséreux ». Cf. Jules et Edmond de Goncourt, *Journal, op. cit.*, IV, p. 942.

Les rapaces

Point d'argent, point de juifs ! L'argent est sémitique par essence. L'homme de lettres le plus riche – Halévy – ne peut être que juif[1]. En mai 1864, apprenant chez la Princesse, par l'indiscrétion d'un médecin, qu'un jeune Rothschild, fils de Lionel, vient de mourir à Londres de « l'émotion du jeu de la Bourse », « émotion d'argent », les Goncourt se plaisent à consigner l'événement. Ils ne s'intéressent manifestement pas aux fortunes protestantes, moins tapageuses, il est vrai, que celle, criante, des Rothschild, une objection à la divinité de Jésus-Christ. Le racisme outrancier, systémati-

1. N'empêche, des écrivains qui n'étaient pas juifs gagnaient des charretées d'argent : Daudet avec *Tartarin,* Zola avec *L'Assommoir,* Sardou avec *Madame Sans-Gêne,* Renan avec la *Vie de Jésus,* et, par un phénomène de mimétisme, Drumont avec *La France juive.*

que, attendu, des Goncourt finit par tourner à une sorte de fiction haineuse, hilarante, et souvent simplette. Qu'on me permette d'en donner, en vrac, dans le texte, quelques échantillons :

Les Juifs font des affaires sur lesquelles ils gagnent de 50 à 70 %.

Pendant les noces juives, il est recommandé de prendre garde à son porte-monnaie.

A l'enterrement de Roger de Beauvoir, le prodigue, l'excentrique, Michel Lévy, l'éditeur, emprunte deux sous à Houssaye, pour la quête.

A tout prendre, l'épouse juive préfère que son mari ait une liaison avec son amie intime ; moins de scandale et, surtout, moins de frais qu'avec une cocotte inconnue.

Les femmes juives n'hésitent pas à revendre leurs vieilles robes.

Un Juif d'Auteuil s'était adressé au Dr Pozzi, gynécologue d'avant-garde, pour qu'il enlève à sa femme son utérus et ses ovaires, mais l'utérus s'étant révélé sain, il avait réclamé un rabais sur l'opération.

Un Juif de Colmar, riche de 50 000 livres de rente, est, sur son lit de mort, obsédé par la pensée de vendre 25 frs un pantalon qui lui en avait coûté 20. C'est, explique-t-il, avec l'accent de Nucingen, « une *pien ponne* affaire ! »

Les gamins ne sont pas en reste :

Dans l'école religieuse où Mirès, le banquier, a fait ses classes, il n'y avait pas de prix de calcul : tous le méritaient.

« En vrai or, ça, maman ? » dit un enfant en désignant les épaulettes d'un officier blessé à Reichshoffen. Goncourt ne s'étonne pas : le soldat avait affaire à une famille juive.

En avril 1887, déjeunant à la taverne Noël, il a pour voisins de table « deux enfants au type juif, mais tout à fait des enfants, qui causent tout le temps avec leur précepteur de l'état comparatif de la dette française avec la dette allemande ».

Chez le Juif près duquel on achète, il se passe une chose curieuse : aussitôt que vos achats se ralentissent, « l'amabilité baveuse du *youtre* se renfrogne et devient poliment glaciale ».

Jules de Goncourt, en voyage, tombe sur Eugène Pereire, le petit Crésus qui avait été son camarade de collège. Ses parents viennent d'acheter en Espagne, pour 450 000 francs, une importante collection de tableaux dont ils s'aperçoivent, une fois déballés, que ce sont des croûtes, crucifixions et scènes religieuses. Qu'à cela ne tienne : ils sauront en faire bon usage. Dans les lieux où ils sont propriétaires d'une mine ou d'une manufacture, ils offrent de ces toiles au curé, pour qu'il permette aux ouvriers de travailler le dimanche.

En matière de peinture, les préférences de Pereire vont aux modernes, « parce qu'on est plus sûr » et que « ça montera ». Sa famille a fait une bonne affaire en achetant la *Marguerite* de Scheffer : « Depuis, il est mort ; ça vaut de l'argent maintenant. Il faut qu'ils meurent, ces gens-là... »

L'argent, encore et toujours ! Goncourt dîne chez Mme Nathaniel de Rothschild qu'il affectionne, quand éclate, au-delà du jardin, gueulée dans un café des Champs-Elysées, la *Marseillaise.* La baronne lève la tête de son assiette et s'exclame, « avec l'expression de l'Argent prenant peur : “Ah ! la *Marseillaise* !” ».

Les corps ont leur place dans la construction antisémitique des Goncourt. C'est parce qu'ils courent après l'argent que les juifs vieillissent mal et tombent dans une décrépitude qui n'a rien de commun avec la nôtre. C'est, écrit Goncourt, « de la laideur morale » : « A quoi attribuer cela ? Je crois à des appétits et à des désirs absolument matériels, à une vie n'ayant pour objectif que l'argent. »

Quant aux femmes, de plus en plus boulottes avec l'âge, elles seraient tributaires, pour cette graisse, de leur ascendance orientale.

L'usage du monde

Des juifs, Edmond en rencontre à foison dans le salon de la Princesse, mais aussi chez les frères Ephrussi, jeunes sémites célibataires. Il les voit se mêler au gratin du Faubourg Saint-Germain et à toutes les dames « des plus grands noms de la monarchie ».

De quoi se plaindrait-il ? Les Rothschild, les Hayem, les Pereire, Mme Kann, les Straus lui font bonne figure, mais c'est cela, précisément, qui le déconcerte, lui, l'auteur de *Manette Salomon.* Pourquoi un Rothschild se montrerait-il si aimable? « On dirait vraiment qu'il veut m'emprunter de l'argent. » Goncourt se tient sur ses gardes. Le jour où Emile Straus lui parle, avec beaucoup de cœur, sans l'ombre de jalousie, du regret que garde sa femme de son premier mari, Georges Bizet, il craint de se laisser circonvenir par sa délicatesse, son intelligence, sa générosité apparente. Et il se ressaisit pour suspecter cette « humilité juive » qui lui paraît une arme camouflée. Il a, écrit-il de Straus, « un sacré air méphistophélique qui met en défiance mes sympathies prêtes à aller à lui ». Je relève en sous-main, à d'autres occasions, ce second temps qui est celui de la correction, du retour sur l'impression première. Voyez le physique ensorceleur de Louise Cahen : « Les Juives gardent de leur origine orientale, une nonchalance particulière. Aujourd'hui, je suivais d'un œil charmé les mouvements de chatte paresseuse avec lesquels Mme Louise Cahen pêchait au fond de sa vitrine ses porcelaines et ses laques... » Peu après, Louise s'étant laissée tomber sur une chaise longue, Edmond décèle au sommet de sa tête « un enroulement de cheveux qui ressemblait à un nid de couleuvres ».

C'est à propos de Louise Cahen que Mme de Girardin entretient Goncourt de la difficulté d'être « maîtresse de salon », un art qui suppose la connaissance du monde, et que les femmes juives, françaises ou étrangères, sont loin de posséder. En effet, Mme Cahen et ses semblables, quand elles reçoivent, « emmènent dans un coin de leur salon les deux ou trois hommes qui sont ou beaux ou spirituels ou célèbres, et laissent leurs invités privés de leurs jolis hommes... »

Les juifs les mieux élevés, ceux qui évoluent dans les sphères supérieures, ne sont pas davantage rompus aux règles du savoir-vivre, « à la complète bonne éducation sans trou, sans solution de continuité ». Qui ne concevrait l'embarras de Goncourt quand Dreyfus, chez la princesse Mathilde, lui décrit, fût-ce à voix basse, la récente intervention d'un chirurgien dans l'ovaire de sa fille ?

Impudeur d'Edmond de Rothschild qui, à l'instar de ses congénères, raconte les choses sales « d'une manière plus cochonne que les autres races ». Il revient d'un voyage à Samarcande. La pédérastie y fait fureur. A Boukhara, il a vu danser des garçons costumés en almées. Tout autour d'eux, les spectateurs, fous de désir, tenaient leurs bougies allumées « comme des membres en érection ».

Devrons-nous, pour Goncourt, parler de salacité ?

Après la mort de Hugo, il déplore qu'aucun de ses nombreux interviewers n'ait songé à lui demander à quand remontait sa dernière érection.

Ces millionnaires qu'il portraiture férocement, Goncourt voudrait mieux connaître leur privé, leur ménage, leur physiologie peut-être. Son ami Philippe Burty, critique d'art et japonisant, lui apprend que dans la haute société juive, les femmes vivent relativement séparées de leurs maris ; que ceux-ci, n'étant des Hercules que dans le ressort de l'argent, redoutent « les appétits des femelles ». Une dépense inconsidérée de sperme les éloignerait de leurs affaires et se traduirait, en fin de compte, par un manque à gagner. Mais Goncourt avance, pour approfondir cette inappétence, une hypothèse complémentaire, la circoncision, qui, semble-t-il, diminue chez les sémites le plaisir, « la jouissance et l'occupation de la femme ». La circoncision serait donc « une des raisons pour lesquelles les Juifs parviennent et s'enrichissent ».

Parmi les juifs qui ne sont pas comme les autres, Goncourt cite, outre Heine qu'il adule, Catulle Mendès, ce blond Portugais, de grande culture, dont les ancêtres se seraient « retirés » lors du crucifiement de Jésus, et, souvenir de jeunesse, un marchand de bric-à-brac qui lui avait prêté de quoi acquérir une édition précieuse de *Télémaque* : « Un singulier homme, ce Juif au goût délicat, ce gros homme trapu, au cou de taureau, à l'immense torse, aux jambes de basset, et qui étonnait les bonnes peu chastes de la maison en portant un seau d'eau tirée à la pompe de la cour sur sa verge en érection. »

Les envahisseurs

Dans une note de 1856, Alfred de Vigny, sans hausser le ton, dresse un tableau préoccupant et laudatif de la France juive. A considérer, dit-il, les cent mille Israélites établis parmi trente-six millions de Français, l'on se rend compte qu'ils excellent dans tous les domaines : affaires, lettres, arts, musique. Leurs enfants remportent tous les prix au lycée et quatorze d'entre eux occupent les premières places à l'Ecole normale. « On a été obligé, ajoute Vigny [1], de réduire le nombre de ceux à qui il serait permis de concourir aux examens publics. »

Qu'ils manœuvrent dans l'ombre ou bien au grand jour, les juifs gagnent du terrain. En

---

1. Cité par Léon Poliakov, *Histoire de l'antisémitisme,* Calmann-Lévy, 1981, II, p. 200.

1847, fait remarquable selon Vigny, M. Halphen est nommé maire du deuxième arrondissement de Paris. En 1870, Crémieux accorde par décret la citoyenneté française aux indigènes israélites d'Algérie, jusqu'ici assimilés aux indigènes musulmans ; les Arabes sont exaspérés. En 1889, Goncourt dénombre soixante-huit préfets juifs : « ... cette prépondérance de la race dans l'administration française n'est rien auprès de l'influence occulte des petits conseils sémitiques, en permanence dans chaque cabinet de chacun de nos ministres ? Et dire que nous devons le bienfait de cette domination judaïque au grand Français Gambetta, que, sur le souvenir de son physique, je continue à croire un Juif ? » Gambetta ne l'était pas, mais Goncourt s'entêtait. Dix ans plus tôt, Gambetta avait été la vedette, chez les Charpentier, d'un dîner républicain. Pendant le repas, Edmond avait jeté les yeux sur les mains des convives, toutes bien faites, « des mains patriciennes, tandis que le dictateur, notre nouveau roi de France, lui, au contraire, a des mains sans dessin, des doigts à la forme de saucisses plates, qu'il promène avec une certaine complaisance dans sa barbe de Juif ».

Goncourt sait gré à Drumont, honnête et

brave, bien que souvent insupportable et un peu « maboul », d'avoir, dans sa *France juive,* sonné l'alarme. Omniprésents, les juifs règnent en maîtres absolus jusque sur le corps de ballet de l'Opéra. En février 1859, une danseuse, voyant Adolphe Gaiffe incirconcis, n'en croit pas ses yeux. Les hommes sont-ils donc ainsi faits ? « C'était le premier prépuce qu'elle voyait. »

Ne serons-nous pas, un jour prochain, « ilotisés », réduits en esclavage ? Déjà Mme Gustave de Rothschild souhaiterait engager un gentilhomme comme concierge ! Souvenez-vous que les Rothschild de Paris, à la différence de leurs cousins de Londres ou de Vienne, ne se sont jamais mariés avec un chrétien. Alfred de Rothschild aurait, d'après Saint-Victor, déclaré sa jouissance « de sentir sous ses bottes des tas de chrétiens ». C'est aussi ce qu'éprouve Manette Salomon à humilier Coriolis, « cet homme d'une autre foi ».

Manette au théâtre

L'étonnant, c'est la foule de spectateurs israélites qui se pressent le 29 février 1896 à la représentation de *Manette Salomon,* la pièce taillée par Goncourt dans le roman de 1867. La première personne à pénétrer dans sa loge, « c'est une Juive, la grosse Mme Stern, (...) et bientôt suivie du petit Hahn, également Juif, tandis que, dans mon compartiment, s'établit le ménage juif de Porto-Riche ». Au dernier tableau, conclut Edmond, les juifs sont si nombreux « que je n'ose pas rester au milieu d'eux, devant ce qui va se débiter contre leur race en mon nom ». La Princesse ne s'était pas déplacée ; elle n'aurait apprécié ni Vermilon, un singe en chair et en os, difficile à maîtriser, ni les attaques contre les juifs.

L'une des scènes les plus dures, accueillie

par « des bravos universels, des bravos fous, suivis de trois rappels », est celle de l'autodafé des tableaux. Furieux d'avoir lâchement renoncé, sous la pression de Manette, à sa voie d'élection, alors que les tableaux de sa première manière sont maintenant les plus recherchés, Coriolis fait descendre du grenier toutes ses anciennes toiles et les brûle jusqu'à la dernière. Puis, retirant du feu le lingot incandescent de blanc d'argent formé par la fonte des couleurs, il va vers Manette terrorisée et le lui jette dans le creux de sa robe. « Tenez ! » lui dit-il dans le roman, « voilà un lingot de cent mille francs ! » Beaucoup plus virulente est la version théâtrale : « Tiens, la Juive, voilà un lingot de trente mille francs ! »

La salle fait à Goncourt un accueil enthousiaste. Il se croit parti pour cent représentations. C'était compter sans la perfidie de Fouquier dans *Le Figaro* (l'ennui de la pièce), de Lemaître dans les *Débats* (soirée accablante, œuvre de vieillard). Et c'était négliger la toute-puissance de l'adversaire, maître de la critique, parce que propriétaire d'une demi-douzaine de journaux, sans compter la presse qui, ayant bénéficié de fonds juifs, par l'intermédiaire d'un Fould, s'était engagée à garder le silence sur les productions antisémites [1]. Ce fut le cas du roman de *Manette Salomon.* Pourquoi en irait-il autrement de la pièce ?

Les amis de Goncourt s'exposent à la censure. Jules Huret se voit retirer la *Soirée théâtrale* dont il était chargé au *Figaro.* Dans une chronique de Jean Lorrain, toute la scène du lingot est supprimée, *judaica causa.* Les articles, chaleureux, de Bauër dans L'*Echo de Paris* et de Catulle Mendès dans le *Journal*, ne suffisent pas à enrayer la désaffection du public. Dès la troisième représentation, lançant un coup d'œil dans le théâtre, Goncourt aperçoit des vides dans les loges et les balcons.

Le 4 mars, il s'en va dîner chez la Princesse, non sans une certaine appréhension. Le mettra-t-on en quarantaine ? Mais non, chacun le salue gracieusement, « l'affreux Reinach » comme les Straus. Ainsi va Paris.

A *Manette Salomon* succédera, le 25 mars, *Amoureuse,* de Porto-Riche, « une pièce

1. Goncourt avait regretté que Drumont, dans son best-seller, n'eût pas donné un tableau des journaux « avec les assises que les Juifs ont dans chacun ».

d'un Juif remplaçant une pièce contre les Juifs ».

Le 30 mars, Vermillon, une vedette, est mis en vente.

V

Fragments pour un portrait

Les deux frères

Le petit frère semblait ne pouvoir vivre qu'avec le grand.

Les Frères Zemganno, chap. XV

A la mort, en 1834, de son mari, Marc-Pierre Huot de Goncourt, officier de l'Empire, Mme de Goncourt se retire du monde pour se faire la tendre institutrice de son cadet, le bel enfant qu'elle adore, « le plus joli enfant du monde ». Jules a quatre ans, Edmond en a douze. Ils perdent leur mère en 1848 ; elle n'a que cinquante ans. Edmond relatera ses derniers instants dans le *Journal* du 18 mars 1892 : le bruit des gros souliers du curé de campagne venu apporter l'extrême-onction, et Mme de Goncourt, incapable de parler, mettant dans sa main la main de son frère, « avec ce regard inoubliable d'un visage de mère crucifiée par l'angoisse de ce que deviendra le tout jeune homme [1] ». Sur cette fin, lisons encore, en marge des mémoires, *Les Frères Zemganno,* puisque Goncourt nous y invite expressément. Stépanida, la mère de Nello et de Gianni, au moment de mourir, « sans une parole, sans une caresse, sans un baiser », « prenait la petite main de Nello qu'elle mettait dans la main de son aîné, et ses doigts déjà froids serraient les mains des deux frères dans une étreinte que la mort ne desserra pas ».

La petite main, la douceur, la gaîté, la gracilité du plus jeune... Au collège Bourbon, Jules était haï de ses camarades pour sa beauté : « Ils en auraient mangé à belles dents. » En 1849, les Goncourt avaient parcouru la France sac au dos. Edmond revoit son frère, blond et frêle, « avec sa mine si jolie, si rose, si imberbe,

1. Dès juin 1870, tandis que Jules agonise, Edmond se souvient : « Ma mère, sur votre lit de mort, vous m'avez mis la main de votre enfant chéri et préféré dans la mienne, en me recommandant cet enfant avec un regard qu'on n'oublie pas. » Il est dit, dans *Les Frères Zemganno,* que Nello « souffrait de ce partage inégal d'affection », mais sans en éprouver aucune jalousie. Au contraire, il trouvait cette préférence justifiée.

qu'il passait, dans les villages que nous traversions, pour une femme que j'avais enlevée ».

Unis l'un à l'autre, tels les frères Zemganno, Edmond et Jules ne se quitteront plus : « Il était avec moi et je ne le sentais pas avec moi [1]. » Liaison si intime qu'ils écrivent indifféremment : *je*, *nous,* il *me* semble, il *nous* semble, sans qu'il soit toujours possible de les identifier [2]. Edmond et Jules s'octroient une complète gémellité : « Nous sommes maintenant comme des femmes qui vivent ensemble, dont les santés se mêlent, dont les règles viennent en même temps : nos migraines nous viennent le même jour [3]. »

Or, le 15 novembre 1859, Edmond se retrouve sans Jules, ou vice versa, dans la chambre glaciale d'un hôtel de Rouen. « Pour la

---

1. Edmond de Goncourt à Emile Zola, juillet 1870.

2. Voir à ce sujet le rêve du 18 novembre 1860, dont on ne saurait dire auquel des deux frères il appartient (*Journal, op. cit.*, I, p. 836).

Mais quand un Goncourt évoque haineusement son ancien condisciple Eugène Pereire, ce ne peut être que Jules, qui l'avait connu au collège Bourbon.

3. « Deux hommes qui semblent n'avoir qu'un corps », écrit Barbey d'Aurevilly des *Frères Zemganno.*

première fois de notre vie, une femme nous sépare. Cette femme est Mme de Châteauroux... » La suite, tout aussitôt, nous rassure : la duchesse de Châteauroux est morte en 1744, et c'est elle « qui fait faire à l'un de nous le voyage de Rouen, tout seul, pour aller copier un paquet de ses lettres intimes à Richelieu, dans la collection Leber ». N'empêche, cette séparation [1] est dure à vivre : « ... il y a une moitié de nous-mêmes qui nous manque. (...) Nous sommes décomplétés comme un livre en deux volumes, dont le premier est perdu. Voilà ce que je pense être l'amour : le décomplétage et le dépareillement dans l'absence. Et encore, l'amour est-il cela ? Ne faut-il pas ajouter à la fusion de deux cœurs la fusion de deux esprits, ce mariage complet de

1. D'après Edmond, il n'y en eut que deux, de vingt-quatre heures, dans une liaison de vingt-deux ans (1848-1870).

Tel est aussi le ménage de Nello et de Gianni : « Aussi ne se séparaient-ils que forcément, et l'un n'acceptait-il jamais un plaisir où l'autre devait manquer, et ne trouvaient-ils en remontant toutes les années de leur existence commune, qu'une seule fois vingt-quatre heures passées loin l'un de l'autre. » Edmond de Goncourt, *Les Frères Zemganno*, *op. cit.*, p. 234 (chap. XLVII).

tout l'être moral, peut-être unique, qui nous est particulier ?... »

Uniques, les Goncourt ! Ils ne se priveront pas de le rebattre. Rien à voir avec d'autres fraternités ! Ainsi, Ernest Daudet, pour avoir refusé cent francs à Alphonse, un jour de dèche, n'est pas vraiment son frère, sauf au regard de l'état civil.

Les Rosny – surnommés Rosny aîné et Rosny jeune, bien qu'ils n'aient que trois ans de différence –, ce pourrait être plus sérieux. Edmond, intrigué, les étudie. Rosny aîné [1] lui paraît aussi intelligent qu'assommant et ratiocineur dans la conversation. Le « vieux », comme dit plaisamment Goncourt, a décidé d'attendre que le petit soit devenu plus alerte pour lui « donner l'hospitalité dans son talent ». Ensemble, ils écrivent *Nell Horn*, une pièce de théâtre. Mais comment travaillent-ils ? Edmond n'est pas près de le savoir. Leur collaboration, l'aîné « n'en parle pas simplement, bonnement. Il est vraiment trop grandiloque, quand il parle des qualités morales de son frère, de la grandeur de la fraternité, – et bien

1. Plus connu aujourd'hui comme l'auteur de *La Guerre du feu* (1911).

solennellement embêtant ». Rosny attendra plus de quatre ans pour présenter son cadet. Le 20 mai 1891, Goncourt accueille très agréablement « un garçon à l'apparence nerveuse, ayant une petite grâce féminine, un sourire gentiment gamin ». Mais, dès le 14 juin, il déchante : « Le jeune Rosny, qui m'avait beaucoup plu à la première visite, m'apparaît aujourd'hui comme un petit, un tout petit succédané de son frère. » Encore faudrait-il savoir quelle est la part du jeunot dans les livres du grand, et s'il y a sérieusement travaillé. On sent Edmond agacé par ce mystère, très contrarié aussi par la présomption croissante de Rosny jeune. Celui-ci ne s'est-il pas permis de trouver le plafond du salon bien bas, « tandis que chez sa mère, à Lille, c'était comme dans une église... » ?

Après un dîner chez Drouant, le 25 octobre 1895, Edmond s'étonne de ne jamais voir les deux frères ensemble. Et Rosny de lui répondre : « Parce qu'il est trop moi... Et quand je vais quelque part, j'ai besoin de sortir de moi. » Voilà qui confirmerait, s'il en était besoin, que les Rosny ne rééditent pas le ménage des Goncourt. Mais enfin, après tout, ils sont frères, et qui écrivent. C'est bien pourquoi ils figurent, d'égal à égal, parmi les huit Académiciens que désigne le testament d'Edmond de Goncourt.

Rue Saint-Georges [1], puis boulevard Montmorency, à Auteuil, les Goncourt travaillaient, l'un en face de l'autre, sur une grande table fabriquée pour eux par un menuisier du village de Goncourt, en Lorraine : « Vieux morceau de bois associé à mon existence [2]... » Sur cette table, dans un fouillis d'objets, un cachet de cristal « aux initiales mariées de E.J. » Comme Jules se chargeait de la correspondance domestique, souvent il signait Edmond. Quant au courrier d'importance, il portait les deux initiales.

Le lecteur de *Charles Demailly* ou de *Manette Salomon* pouvait légitimement se deman-

1. Rentrant, en décembre 1849, d'un séjour en Algérie dont la lumière paradisiaque les avait ravis, les Goncourt s'installent, rue Saint-Georges, dans un entresol où ils font de l'aquarelle du matin au soir. Un an plus tard, ils décident de passer de la peinture aux lettres.

2. Edmond de Goncourt, *La Maison d'un artiste, op. cit.*, II, p. 67.

der quelle était la part respective de Jules et d'Edmond « dans cette concurrence fraternelle à bien écrire ». Edmond ne s'était-il pas lui-même posé la question à propos des Rosny ? Déjà de méchants cacographes insinuaient dans les gazettes que l'un des Goncourt avait produit plus que l'autre. Aussi Edmond tient-il, dans le tome IX du *Journal* (1892-95), le dernier imprimé de son vivant [1], à retracer, en deux pages très denses, l'histoire d'une collaboration où alternent, année par année, la prédominance de l'aîné sur le cadet et du cadet sur l'aîné. Cette mise au point est d'un extrême intérêt.

Au départ, deux natures différentes, ici mises en parallèle : la gaîté, la verve, les expansions de Jules ; la mélancolie, la contention d'Edmond ; Jules, plus écrivain, styliste acharné, s'épuisant dans les « morceaux de bravoure » de *Charles Demailly* ou de *Manette Salomon* ; Edmond, plus attaché à la construction de l'œuvre, plus curieux de recherches historiques, mais surtout « meilleur *voyant* »,

1. Edmond de Goncourt est mort le 16 juillet 1896, à Champrosay, chez les Daudet, à l'âge de soixante-quatorze ans.

pressentant alentour, parmi les gens et les choses, ce qui pouvait être matière de littérature [1].

Leurs livres de chevet n'avaient pas été les mêmes : Janin pour Jules, Gautier pour Edmond, une double influence, « deux inspirations mal mariées » qui donnaient à leur premier livre [2] « le caractère d'une œuvre à deux voix, à deux plumes ». Edmond et Jules sur la même couverture, ce n'était pas encore, littérairement, *les* Goncourt. Il faudra des années pour que les styles des deux frères fusionnent en « un seul style, bien personnel, bien Goncourt ». Ils seront dignes alors des frères Zemganno, car « ce qu'ils faisaient semblait si peu appartenir à aucun en particulier, que les bravos s'adressaient toujours à l'association, et qu'on ne séparait jamais le couple dans l'éloge ou le blâme ».

---

1. Zola semble avoir eu la certitude que, des deux frères, Jules, son préféré, était l'esprit créateur. Voir André Billy, *Vie des frères Goncourt, op. cit.*, II, p. 87.

2. Edmond et Jules de Goncourt, *En 18...* Paris, Dumineray, 1851.

Une épouvantable solitude

1869 est l'année de toutes les souffrances : maladies, insomnies, errances exténuantes, de logis prêtés ou loués en chambres d'hôtel, parce que la maison d'Auteuil est devenue trop bruyante, tortures de l'hydrothérapie, purgatoire littéraire. Seul moment de douceur : le 1er janvier, sur le coup de minuit, les deux frères s'étaient embrassés, au clair de lune, dans leur jardin.

Le 5 février, ils corrigent les dernières épreuves de *Madame Gervaisais.* Le 12, ils ont le livre entre les mains, « dans la moite fraîcheur du brochage encore mouillé ». A peine le roman a-t-il paru que Taine leur reproche des mots introuvables dans le dictionnaire, et, quinze jours plus tard, la présence d'un volume de Kant sur l'étagère de Mme Gervaisais. Sainte-Beuve, à son tour, sort ses griffes. Les écrivains, jure-t-il, n'ont pas à s'exprimer comme des peintres. Qu'est-ce que ces couleurs dans la dernière phrase du chapitre XXXV ? « ... elle poursuivait un chemin noir qui avait au bout, tout au bout, Rome et ses dômes, détachés, dessinés, lignés dans une nuit violette, sur une bande de ciel jaune, – du jaune d'une rose thé. » C'est le rose thé surtout qui le froisse : « Rose thé ! Il n'y a que la rose ! Ça n'a pas de sens. »

Depuis la sortie de *Madame Gervaisais*, à part une poignée de main et quelques billets de Flaubert, pas le moindre témoignage de sympathie ou d'admiration. La Princesse a la bonté de juger le roman « assez bien fabriqué ». Rien de plus. Un silence absolu pèse sur ce grand livre, le dernier du couple. Edmond ne s'en consolera pas.

Jules n'en a plus pour longtemps. Atteint de paralysie générale, il meurt le 20 juin 1870, à l'âge de trente-neuf ans, succombant, d'après le Dr Scherb, à une péri-méningo-encéphalite diffuse, d'après le Dr Pierre-Yves Even, à un ictus apoplectique et à une broncho-pneumonie. D'autres imputaient son mal à la vie antihygiénique de l'homme de lettres, un thème déjà exploité, au temps de Voltaire, par le Dr Pomme dans son *Traité des affections vaporeuses.*

Le 26 juin, Flaubert écrit à Edmond : « Comme je vous plains, mon pauvre ami. (...) Car votre douleur doit dépasser toutes celles qu'on peut ressentir – et imaginer. » Et début juillet : « Vous ne me jugez pas assez sot pour essayer de vous offrir des consolations ? Je vous engage, au contraire, à vous plonger dans votre désespoir de toutes vos forces. Il faut qu'il vous fatigue et qu'il arrive, à force d'obsession, par vous ennuyer. C'est après cette période-là, seulement, que les souvenirs douloureux ont leur charme, à ce qu'on prétend, du moins. »

Suivant peut-être le conseil de Flaubert, après des mois de silence, Edmond reprend le *Journal* pour se remémorer, en des pages bouleversantes, outre ses propres souffrances, la maladie et la déchéance de son frère dans ce qu'elle a de plus déchirant et de plus insupportable : la honte éprouvée par Jules de son abêtissement ; son refus de se montrer en public ; son incapacité infantile à prononcer certaines lettres : il dit *tolères* au lieu de colères, *nouice* au lieu de nourrice ; ne reconnaît pas le passage des Panoramas, ne retrouve pas l'orthographe de Watteau ; confond les poids avec lesquels il faisait de la gymnastique ; égoïste, têtu, boudeur ; ne sait plus ni rire, ni sourire ; oublie qu'il a écrit, ne se rappelle aucun titre. Dans les *Mémoires d'outre-tombe*, le livre qui l'obsède et qu'il a le plus aimé, il prononce « le cardinal Pa », au lieu de « Pacca », furieux de ne pouvoir aller au bout du mot ; sa maladresse avec les objets qu'il bouscule et renverse, etc.

Edmond ne joue pas ici la bonne âme. Souvent, il se désole d'avoir manqué de patience. Un jour, excédé, il prend la porte et s'enfuit dans les bois. Un autre jour, il menace Jules de ne plus l'emmener au restaurant, s'il ne se tient pas mieux à table. « Ce n'est pas ma faute, ce n'est pas ma faute ! » réplique le malheureux : « Et sa main serrait la mienne avec un : "Pardonne-moi" lamentable. Alors tous deux, nous nous sommes mis à pleurer dans nos serviettes devant les dîneurs étonnés. »

Il est peu probable qu'Edmond ait ignoré les causes véritables de la mort de son frère, mais il se convainc qu'il faut chercher ailleurs.

Enquête pathétique : de quoi Jules aurait-abusé ? « Il n'a fait quelques excès de femme que tout jeune ; il ne buvait jamais un verre de liqueur », écrit Edmond à Zola. « Je ne trouve dans sa vie que des excès de tabac, il est vrai du plus violent et du plus fort, avec lequel nous nous stupéfiions pendant les entractes du travail. » Et c'est Zola qui lui tend la perche : « Il est mort, n'est-ce pas, beaucoup de l'indifférence du public, du silence qui accueillait ses œuvres les plus vécues[1]. » Oui, l'art l'a tué. Jules est mort à la tâche, brisé par « l'élaboration de la forme, de la ciselure de la phrase, du travail du style », puis par l'infortune de *Madame Gervaisais.* Dans une note prémonitoire de mai 1869, dont on ne sait qui est l'auteur, le *Journal* oppose le bonheur du peintre aux souffrances et à l'usure de l'écrivain : « Une fonction heureuse de la main et de l'œil du premier, à côté du supplice du cerveau de l'autre ; le travail qui est une jouissance au lieu d'être une peine ! » Jules se sent coupable d'avoir enlevé son frère à la peinture : « Doué comme il l'était, il aurait fait son nom

---

1. Passages cités par Alidor Delzant, *op. cit.*, p. 186-189.

sans s'arracher la cervelle... et il vivrait. » Mais alors, qu'en aurait-il été *des* Goncourt ?

Le plus dur, désormais, sera de signer d'une seule main à la place où étaient Edmond et Jules. Alors même qu'il s'agit de publier un volume des lettres de Jules, Edmond écrit spontanément *Hommage de l'auteur*, avant de remplacer sa dédicace par *Hommage de l'annotateur* ; lapsus révélateur d'un lien immuable. Alfred Stevens, le peintre, croit bien faire en campant Edmond, dans son *Panorama de l'histoire du siècle*, comme le *papa* du groupe naturaliste : « ... si j'avais su qu'il me séparât de mon frère, je ne lui aurais pas prêté ma tête [1]. »

1. C'est encore pour marquer cette fraternité qu'Edmond, dans son Testament, invite sa jeune Académie à appeler « le prix des Goncourt » (et non le prix Goncourt), le prix qu'elle décernera annuellement.

Martyrs

L'un à sa table, l'autre dans la tombe, Edmond et Jules n'en ont pas fini avec leurs détracteurs. « A-t-on été cochon avec lui ! » rumine Edmond. Chez Magny, fixant la chaise vide de son frère, il songe que « le pauvre enfant n'a eu que le crucifiement de la vie des lettres ». Quinze ans après sa mort, l'injustice perdure. Que dit *Le Figaro* des plus belles pages de sa correspondance? « Lettres d'un esprit singulier, alambiqué. » « Erudit distingué », lit-on dans un catalogue d'autographes. Edmond se récrie : « Et l'historien ? Et le romancier, s'il vous plaît ? » On ne s'étonne guère de voir Léon Bloy, le plus virulent de leurs ennemis littéraires, qualifier Edmond de « survivant des deux drôles ». Au demeurant, c'est le cadet qui s'en tire le moins mal. En 1896, dans un article de *L'Evénement*, Albert Le Roy, échignant le

Goncourisme, affirme que l'infiniment peu de talent qu'il y aurait chez les deux frères appartiendrait entièrement à Jules.

Le fait est que les Goncourt ont été l'objet, pour l'ensemble de leur œuvre, soit de silences expiatoires [1], soit de critiques rageuses et de persécutions inouïes. Une épreuve sans exemple « depuis le commencement du monde et dans n'importe quelle littérature ». Le *Journal* en livre nombre d'échantillons, dont l'article d'un certain Claveau, qui juge que, de toute l'œuvre des Goncourt, il restera seulement « une velléité, une tentative, quelques pages intéressantes perdues dans l'Océan naturaliste comme des microbes dans un marais ». Encore plus hargneux, Champfleury avoue avoir « été tenté parfois de souffler sur la vanité de ces cocodès de lettres qu'on appelle les Goncourt, qu'ils soient deux ou un. Ce sont des animaux

1. En 1879, diverses publications de Goncourt (une notice sur Gautier, une réflexion sur le réalisme au théâtre, un morceau sur le chant à l'Opéra au XVIIIe siècle) passent complètement inaperçus : « ... pas une ligne, pas un mot, pas un bout d'extrait de ces journaux, qui feraient six colonnes sur un rot de Sarah Bernhardt ou sur un pet de Zola. » (*Journal, op. cit.,* 15 juillet 1879.)

à sang froid qui ne sentent ni ne ressentent aucune émotion... ».

Que de vilenies, mais aussi que de revanches ! Ainsi, en 1877, *La Fille Elisa,* couvert d'opprobre, jugé immonde, à commencer par le titre, sifflé de toutes parts, se vend contre toute attente. Goncourt exulte : « Dix mille exemplaires, nous à qui il fallait dix ans pour en vendre quinze cents. » Mais une fois encore, il se perd en conjectures sur la haine qu'il s'attire. Wolff déclare dans *Le Figaro* que *La Fille Elisa* est « une saleté indigne de la commisération des honnêtes gens ». N'est-ce pas lui qui, en 1867, avait sacqué *Manette Salomon* ? Curieux rapports que ceux de l'insulté avec l'insulteur ! Car, tout en soulignant sa « laideur repoussante » et sa « tête de vieille assassine », Goncourt le reverra de loin en loin, dînant avec lui chez de Nittis en 1881, chez Charpentier en 1886, chez Daudet en 1889 et 1891 : « Dîner, ce soir, chez Daudet avec Wolff, qui se montre très aimable avec moi et, à propos de son sympathique article sur la pièce de *La Fille Elisa* [1], qu'il avait trépignée à

1. Pièce tirée du roman d'Edmond de Goncourt, par Jean Ajalbert, Charpentier et Fasquelle, 1891.

l'état de roman, avoue qu'il s'est fait un changement dans son esprit, un changement amené par tout ce qui s'est fait depuis. » Ultime surprise : après la mort de Wolff, Edmond se verra offrir sa succession par le directeur du *Figaro.*

Avec le succès de *Chérie*, son dernier roman, Goncourt remâche son amertume en songeant à tout ce que son frère avait fait « de moitié » avec lui.

Malades et hommes de lettres

Hépatites, coliques, gastrites, névralgies, grippes, migraines, crampes, rhumatismes, insomnies, dépressions nerveuses, ces multiples maux, subis ou seulement imaginés, sont méticuleusement consignés dans le *Journal*. Souvent malades, avec sous les yeux le spectacle chagrinant des infirmités de Daudet, les Goncourt ont de quoi entretenir leur anxiété. Dans les moments où ils désespèrent de leur santé, ils tombent dans les bras l'un de l'autre, pour se donner courage : « ... et nous nous embrassons sans nous dire rien de plus. »

Or, de tant d'affections qui les guettent, avec leur cortège de misères et de complications possibles, le rhume est celle qu'ils redoutent le plus, à l'instar de leurs contemporains. « Je me suis encore enrhumé », note Edmond. « Les bronches deviennent d'une susceptibilité qui me fait craindre que les hivers qui me restent à vivre ne soient guère plus nombreux. » En décembre, il se couvre trop, de sorte qu'il « bronchite ». A d'autres moments, il se croit au commencement d'une « phtisie laryngée », à moins qu'il n'anticipe le malaise d'un catarrhe qui pourrait préluder à la « pneumonie des vieillards ».

Dans *Chérie* se découvrent des trajets et des lieux « enrhumants ». La maison de Zola est, à cet égard, particulièrement maléfique. Edmond y prend froid deux années de suite, dans des dîners à la température glaciale : « Ah ! cette maison où il n'y a jamais la joie d'une petite flamme dans une cheminée, où l'éclairage à l'électricité fait mal aux yeux et où on gèle, à cause des portes ouvertes pour l'exposition, dans l'escalier, des sarcophages... »

Si du moins l'on pouvait tirer parti de ses infirmités [1]... Tirer parti, ne rien laisser perdre, n'est-ce pas le faible de tout homme de lettres ? De Zola réagissant aux anecdotes désopilantes

1. Flaubert est l'un des rares à s'être intéressé littérairement au rhume, dans *Madame Bovary* et *Bouvard et Pécuchet.*

Cf. Roger Kempf, *Bouvard, Flaubert et Pécuchet,* Grasset, 1990, p. 76.

racontées par Daudet sur le duc de Morny ? « "Et vous ne faites rien de cela !" s'exclama tout à coup Zola, qui depuis quelques instants, – ainsi que toutes les fois qu'il entend des choses *convertissables* en roman, – s'agite sur sa chaise, à laquelle il fait décrire des demi-cercles. »

Goncourt, Daudet étaient-ils différents ? En avril 1892, en proie à un « état comateux, un ensommeillement de l'être », Edmond se demande « s'il n'y aurait pas moyen de tirer de cet état maladif de la littérature particulière ». Dans un registre analogue, Daudet, s'il ne donnait tout son temps à *Tartarin sur les Alpes*, trouverait de belles choses à écrire sur la douleur : « Daudet est tenté de tirer un bouquin de ses maux, est tourmenté d'écrire quelque chose sur la Souffrance étudiée sur lui-même. Ce soir, il me parlait des intéressantes pages qu'il écrirait, il lui semble, en racontant ses visites à ses vieux parents, quand il va se faire piquer par son beau-père, peignant son état de souffrance abominable dans la rue... » Cette étude intimiste dont Daudet serait le sujet, trancherait sur ses matériaux romanesques habituels. Car, incapable, avoue-t-il, de rien inventer, il pousse l'impudeur jusqu'à *fourrer* sa famille entière dans ses livres : « ... je ne puis plus aller dans le Midi... Je n'ai pu résister de mettre dans *Fromont* le père de ma belle-mère, que j'aime beaucoup... *Tartarin* a dit de moi : "Il finira par danser sur la tombe de sa mère." »

La palme de « véritable homme de lettres » reviendrait, d'après Goncourt, à ce vieux Tourgueniev : « On vient de lui enlever un kyste dans le ventre et il disait à Daudet qui est allé le voir ces jours-ci : "Pendant l'opération, je pensais à nos dîners et je cherchais les mots avec lesquels je pourrais vous donner l'impression juste de l'acier entamant ma peau et entrant dans ma chair... ainsi qu'un couteau qui couperait une banane." »

Intérieurs

Ce pourrait être un autre aspect de l'indiscrétion des Goncourt, d'Edmond en particulier, que la curiosité qu'ils ont des intérieurs, et la description, pointilleuse et sévère, qu'ils rapportent de leurs visites. Invité de Mme Kann, Edmond ne s'en laisse pas imposer par les domestiques postés dans l'escalier, ni par la hauteur des portes et l'immensité des salons. Du premier coup d'œil, il repère, détonnant dans cette splendeur, des paravents japonais de soixante-quinze francs et, sur des étagères, les petits pots que l'on achète à la porte des marchands de chinoiseries. On ne trompe pas l'œil d'un grand bibeloteur ! Chez Nestor Roqueplan, il passe à côté de « mauvais petits objets du XVIIIe siècle et de quelques restes, des tableaux et esquisses de son frère. Cela ressemble au nid d'une putain qui aurait hérité d'un peintre ». L'intérieur, embêtant, de Taine, semble copié d'une page de Dickens. Celui de Gautier est d'une somptuosité « pauvre et de raccroc », mais ensoleillé par ses filles.

Que d'appartements propres à jeter de la poudre aux yeux : celui d'Adrien Hébrard, « décoré avec le laid et le bon marché de choses à l'apparence chère », de Popelin, avec son bric-à-brac outré, de Roger de Beauvoir, « un appartement de putain trop étroit, où s'aperçoivent des pourritures de pastel », de Feydeau, « une *artisterie* de boursier, pour ainsi dire, avec je ne sais quoi qui sonne faux et qui semble louche, qui sent l'homme-putain ». Beaucoup de mauvais goût aussi, de bibelots « infects » et d'antiquités dérisoires dans la maison de Zola à Médan.

Chez Sainte-Beuve, l'homme à la calotte, les Goncourt respirent « l'essence démocratique de sa nature », « la toilette intime de son chez-lui : la robe de chambre, le pantalon, la chaussette, la pantoufle, tout le lainage *peuple* qui lui donne l'air d'un portier podagre ».

S'il est une demeure qu'Edmond ne parvient pas à comprendre, et il en parle durement, c'est bien celle des Daudet à Champrosay, « le campement le plus désastreusement bourgeois, où l'on ne voit ni un tableau ni une gravure ni un bibelot, ni même un chapeau de paille un peu exotique. Là, rien, absolument rien, qui ne soit la chose commune, banale, la chose de tout le monde. Je ne peux pas me faire à cela... » Les 275 000 francs de *Tartarin en Suisse* suffiraient à métamorphoser Champrosay, mais il aurait fallu pour cela que Daudet n'eût pas d'enfants [1]. Flaubert, à Croisset, ne fait pas de folies. Bien qu'il prétende manier déraisonnablement l'argent, il ne s'offre ni tableaux, ni bibelots, ni quoi que ce soit [2]. Avec une économie toute normande, il transforme des pots de confiture de gingembre en vases à fleurs, « création du reste, dont il se montre assez fier ». Mais les Goncourt ne

---

1. Histoire d'animer Champrosay, Edmond léguera à Mme Daudet les deux amours et la grue japonaise de son jardin.

2. Comme pour introduire son vieux Flaubert dans le monde de l'art, Edmond habillera son exemplaire de *Salammbô* d'une « vraie reliure carthaginoise, faite d'un cuir japonais brunâtre, qui a l'air d'une peau humaine sortie de la tannerie de Meudon, et de gardes fabriquées d'une soie barbare, représentant des chouettes tissées d'or sur un fond de sang ». (*La Maison d'un artiste, op. cit.*, II, p. 363.)

récusent pas son cabinet de travail, parfaite adéquation de l'homme, de son ascèse et de ses nostalgies, à son intérieur. Une austère bibliothèque en bois de chêne voisine avec un divan recouvert d'une étoffe exotique et de coussins. Çà et là, un bric-à-brac d'amulettes, de plats, de colliers : « ... sa vraie passion est celle de ce gros Orient, il y a un fond de Barbare dans cette nature artiste. »

Parmi les sujets d'étonnement, Michelet, « le sublime visionnaire de l'histoire ». On ne saurait imaginer plus déroutante opposition entre l'homme et son ménage : « Il y a jusqu'à de petits lustres en bois tourné et des fleurs sous des globes ! Chose bien singulière, que ce soit de ce milieu, de cette vie-là, d'auprès de sa femme, la femme d'un petit employé, que la pensée de Michelet s'élance, s'élève, s'envole, plane ! »

Les Goncourt étaient-ils choqués, comme le croit André Billy, par la « vulgarité » du décor où vivait Gavarni, leur ami de cœur ? Je ne le pense pas. Ici encore, ils admirent l'étrange contraste entre ce maître de l'élégance « qui a chiffonné dans ses dessins tant de soie, tant de luxe, le dessus du panier de Paris », et la singularité de ses goûts : « Il n'a aucunement besoin de toutes les délicatesses des gens mieux nés [1]. Il aime les dîners à quarante sous ; le vin bleu d'un marchand de vin ne lui est pas désagréable. Il est insensible à toutes les nuances délicates que donne le cher dans le manger, l'habillement, le logement. » Autrefois, Gavarni, se jetant dans l'élégance extrême, avait masqué son côté *peuple* sous des gants jaunes. Le voici redevenu lui-même.

Rendant visite à Drumont qui, blessé au ventre, se remet de son duel avec Arthur Meyer, le directeur du *Gaulois,* Goncourt découvre, stupéfait, une chambre à coucher hilarante, kitsch au possible, époustouflante dans le détail et transcendant tout commentaire : « Aux murs, accrochées avec des clous, de vieilles et tristes *verdures* représentant des sujets de sainteté, avec des personnages plus grands que nature. Là-dedans, un lit de palissandre, à côté duquel est une petite table en fer de café-terrasse ; et comme garniture de cheminée, une paire de vases comme on en voit aux loteries de la fête de Saint-Cloud, des vases couleur amarante, contenant dans un médail-

1. Sa mère était couturière et son père tonnelier en Bourgogne.

lon un paysage ; et passées entre la glace et son cadre, des petites images de sainteté coloriées, qu'on intercale dans les livres de messe. »

Edmond, si sympathique pour Montesquiou-Fezensac, et toujours prêt à louer sa finesse ou sa distinction, est loin d'apprécier, en juillet 1891, son logis de la rue Franklin. A part l'extraordinaire cabinet de toilette et la serre-bibliothèque au fond d'un petit jardin, c'est un « méli-mélo d'objets disparates, de vieux portraits de famille, d'affreux meubles de l'Empire... »

Tout compte fait, les préférences de Goncourt vont au décor charmant où le reçoit Mme Bizet, qu'il répugne à appeler Mme Straus, entre un tableau de Nattier et une statuette de Coysevox.

La maison d'un artiste

A la mort de son frère, Edmond, condamné à vivre seul dans la maison d'Auteuil, 53, boulevard de Montmorency, et n'ayant plus le cœur de poursuivre son aménagement, envisage de la vendre ou de la louer, puis décide d'attendre. La guerre franco-allemande, déclarée le 29 juillet 1870 accentue son détachement. Note du 25 août : « Je regarde cette maison bourrée de livres, d'objets d'art, de gravures, de dessins, qui feront des trous dans l'histoire de l'Ecole française, si tout cela brûle ; et ces choses, qui ont été mes amours et mes entrailles autrefois, je n'ai pas l'énergique désir de les sauver. »

Tandis que la Princesse protège ses fauteuils de housses et décroche ses rideaux, Edmond cherche, mollement, une boutique à louer pour y entreposer ses trésors.

La nourriture se fait rare. Le jour où la disette dégénère en famine, le boucher anglais du boulevard Haussmann affiche sur son étal une trompe d'éléphant et des rognons de chameau. Edmond en est réduit à décapiter avec un sabre japonais la poulette blanche qu'il hébergeait dans son petit salon et qu'il aimait au point de la peigner tous les matins. Dans le troisième chapitre de *La Maison d'un artiste,* il consacre trois pages à cet assassinat qui le bourrelait de remords. Je le soupçonne d'avoir été moins tenaillé par la faim que désireux de s'assurer que la trempe de son authentique sabre japonais valait celle des cimeterres « avec lesquels le sultan Saladin coupait en deux un coussin de plumes ».

Pendant le Siège et la Commune, Goncourt passe ses journées à battre le pavé. C'est Paris tout entier qui remplit le *Journal*, recueil de choses vues et entendues aux quatre coins de la ville. Tout cela, écrira-t-il, « avait été une féroce et impérieuse distraction » de son chagrin.

Dans la maison ébranlée par les canonnades, « l'œil n'a plus la jouissance de ce qu'il aimait ». Les dessins ont été désencadrés, rangés dans des cartons, les livres ficelés en paquets.

Le 22 janvier 1871, sous les éclats d'obus, Edmond déménage ses trésors dans l'appartement de Philippe Burty, au coin de la rue Vivienne. Et le 23, retrouvant le goût d'écrire, il jette sur le papier les premières phrases de *La Fille Elisa,* le livre qu'il projetait avec son frère en 1862.

A la fin de l'année, ayant fait réparer son logis, souffleté en mai par les obus et les balles, il se décide à y *créer* son intérieur.

Ce sera un jour *La Maison d'un artiste*, livre prodigieux et demeure tout à la fois, car la division de l'ouvrage est copiée *stricto sensu* sur celle de la maison, soit un ensemble de 739 pages[1] que Goncourt nous offre dans son intégralité, tel qu'il l'a conçu.

S'il n'avait été littérateur, il aurait inventé des intérieurs pour gens riches : « J'aurais aimé qu'un banquier, me laissant la bride sur le cou, me donnât plein pouvoir en un palais qui n'aurait eu que les quatre murs pour lui en imaginer la décoration et le mobilier... » Mais ayant, ajoute-t-il, son pain sur la planche, il travaille pour son compte, plus modestement.

1. Dans l'édition originale de 1881.

En douze chapitres, d'inégale longueur [1], les descriptions minutieuses alternant avec les explications, les souvenirs, les digressions à la Diderot, Edmond nous invite à le suivre et à nous attarder dans toutes les pièces : vestibule, salle à manger, petit salon, grand salon, escalier, cabinet de travail cabinet de toilette, cabinet de l'Extrême-Orient, boudoir, second étage (kakemonos et livres modernes). Le jardin, « intime et particulière jouissance pour un vieux Parisien », conclut la visite.

Au petit salon est réservée une énorme collection de dessins français du XVIIIe siècle. Les artistes sont présentés dans l'ordre alphabétique. Voici, par exemple, entre Jean Ranc, un élève de Rigaud, et Sablet le jeune, décrite par Goncourt, une aquarelle d'Hubert Robert :

> Un portique de villa italienne surmonté d'une terrasse, et dans la niche duquel tombe l'eau d'une fontaine. Un gentilhomme, le chapeau sous le bras, et donnant le bras à une dame en mante noire, s'apprête à monter un escalier

1. Ainsi, 10 pages sont consacrées au vestibule, 143 au petit salon, 46 à l'escalier, 309 au cabinet de travail, 141 au cabinet de l'Extrême-Orient.

s'ouvrant entre deux statues antiques; au premier plan, une femme puise de l'eau dans un chaudron, près d'une mère qui tient son enfant par les lisières.

Aquarelle sur trait de plume.
Signé : H. Robert 1763

Il n'y a pas que les dessins! Ce qui frappe, c'est l'extraordinaire diversité de ces collections : meubles de Boulle, tapisseries des Gobelins, de Beauvais, d'Aubusson, tapis persans, vases en biscuit de Sèvres, statuettes, terres cuites, gouaches du XVIIIe siècle, armes, albums, livres anciens et modernes, imprimés, bibelots de toutes sortes, japonaiseries et chinoiseries.

Pour la visite, Goncourt prend son temps. A ses côtés, nous regardons et nous écoutons. Si l'on s'étonne que l'escalier, d'ordinaire simple lieu de passage, occupe quarante-six pages du livre, Goncourt nous répond qu'il s'apparente à une galerie et qu'on y regarde les objets mieux qu'ailleurs. C'est pourquoi il y a mis en valeur la gravure, sans doute unique, de l'*Embarquement pour Cythère,* d'après le Watteau de Berlin. Lentement donc nous montons l'escalier et débouchons sur le palier. Goncourt ouvre ses albums japonais, « livres d'images ensoleillées » où le peintre Coriolis s'était plongé par les jours gris. A travers ces albums qui sont une anthologie du Japon vivant, Edmond s'attache à marquer ce qu'une civilisation lointaine a pour nous de secret, voire d'intraduisible. De la contemplation rêveuse, passionnée de l'eau aux subtilités de la déclaration d'amour et au sentiment de la nature, nous sont révélées des délicatesses qui échappent au profane.

Un curieux intermède nous est proposé dans le cabinet de travail. Sous prétexte de peindre le Paris moral du XVIIIe siècle, Edmond tire de sa bibliothèque un roman intitulé *La Petite Maison.* On désignait par là les boudoirs d'amour qui fleurissaient alors aux environs de la capitale. Fou de Mélite, le marquis de Trémicour, plutôt que de la gorger de protestations et de promesses, la défie de venir dans sa petite maison : « Mélite lui a répondu que, là ou ailleurs, elle ne le redoutait pas. Ils ont fait une gageure, et Mélite s'est rendue dans la petite maison de Trémicour. » Tout le stratagème du séducteur consiste à la lui faire parcourir.

Voici, par exemple, le salon, « un salon si

voluptueux, dit l'auteur, qu'on y prenait des idées de tendresse en y entrant. Il est de forme circulaire, voûté en calotte peinte par Hallé, le plus habile des peintres, après Boucher, pour les sujets de la fable. Les lambris, imprimés lilas, enferment de superbes glaces, et des sujets galants ornent le dessus des portes. Une sculpture de goût, relevée d'or, des étoffes assorties à la couleur du lambris... » Les deux parieurs passent dans la chambre à coucher : « Elle est de forme carrée et à pans, avec des glaces dans les quatre angles. Un lit d'étoffe de pékin jonquille, chamarré des plus belles couleurs, se voit dans une niche. (...) Les lambris sont imprimés couleur de soufre tendre, les marbres bleu turquin, le parquet en marqueterie mêlée de bois d'amarante et de cèdre. » Renonçant à ouvrir la porte du boudoir aux arbustes sculptés, de l'appartement de bains tout en marbre, de la salle à manger, du cabinet de toilette, du cabinet de jeu, du cabinet à prendre le café, du cabinet d'aisance « avec sa cuvette de marbre à soupape, sa charmille feinte, son ciel peuplé d'oiseaux », je ne me risquerai que dans la dernière pièce, à savoir le boudoir aux gravures, « témoin de la défaite de Mélite ».

La petite maison à laquelle Goncourt accorde son suffrage est le vrai sujet du roman, car son intérêt « n'est point dans la peinture du caprice amoureux de Trémicour, dans la défense de Mélite ; il est dans la description de ce lieu unique, de ce lieu qui n'a pas de pareil pour la galanterie, et qui m'apparaît comme l'idéal du luxe le plus délicat et le plus voluptueux, et ainsi que le résumé des perfections de toutes les petites maisons de Paris, réunies en une seule par l'auteur ».

A peine Mélite a-t-elle capitulé qu'Edmond, renouant le fil de la visite, nous invite à admirer derechef le raffinement de son cabinet de travail. Peut-être n'avions-nous pas prêté toute notre attention aux portières « faites de tapis d'Orient, dans l'un desquels domine la nuance abricot, et dans l'autre le violet bleuissant et diapré de la prune... ». Il ne nous fait grâce d'aucun détail, d'aucun matériau, ni du pavé du vestibule, en marbre blanc et en marbre rouge, ni de la couleur des boiseries, arrêtée après mûre réflexion, ni des plafonds et tapisseries, ni de la décoration subtile du cabinet de toilette, qui lui rend moins fastidieux les coups de peigne ou le brossage des dents.

La maison de l'artiste est la gratification du

littérateur. « Je reste deux ou trois jours sans sortir de chez moi, écrit Goncourt, travaillant de l'heure où je me lève à l'heure où je me couche; mais le troisième ou le quatrième jour, j'ai besoin de m'acheter un bibelot pour me payer de mon travail. » Et encore : « Faire une pièce dans ma maison : voilà presque toujours, après la publication d'un livre et avec l'argent qu'il rapporte, la récréation, la récompense que je me donne. » C'est ainsi que, dans le grand salon, l'Olympe du plafond a été payé avec les droits de *Germinie Lacerteux*.

La chasse aux bibelots est, de longue date, la passion de Goncourt. Enfant, il chinait en famille, par procuration, très impressionné par sa tante, Mme de Courmont, qu'il accompagnait le dimanche chez les marchands de curiosités du boulevard Beaumarchais et du Faubourg Saint-Antoine. C'est à elle, dit-il dans *La Maison d'un artiste,* qu'il doit sa vocation artistique et littéraire.

A seize ans, profitant du dédain de ses contemporains pour l'art du XVIIIe siècle, il achète à bon compte sa première œuvre, une aquarelle de Boucher, puis des croquis de Saint-Aubin, un dessin de Cochin, un autre de Watteau. Jules, bien que moins enflammé, le comprend et l'assiste. Il leur arrive de se priver pendant des mois pour une trop grosse acquisition. Le *Journal* retient et chiffre leurs coups de cœur. Le 11 décembre 1863, ils achètent deux Lavreince 600 francs, « sans nulle émotion, comme Rothschild les achèterait ». « L'art, écrivent-ils dès 1868, aura rempli notre vie. En acheter, en créer ; aller, comme aujourd'hui, de l'achat fiévreux d'un admirable fauteuil Louis XVI de 500 francs au portrait psychique, écrit ce soir, de Mme Gervaisais, c'est toute notre existence. Quant au reste, c'est bien peu pour nous. »

Au contraire d'un Taine qui place ses gains en Suisse avec la bénédiction de son beau-père, les Goncourt, contempteurs de l'argent, trouvent leur bonheur dans ce que la dépense leur procure. Jamais ils n'ont perçu un franc comme un franc. « L'argent n'a pour moi d'autre agrément de sensation que le ruissellement entre les doigts. Donner de l'argent et emporter une chose est pour moi la plus grande joie, dans son premier et vif instant. » Le 4 février 1891, chez Tadamara Hayashi, marchand d'art japonais, Goncourt fond devant une poche à tabac de Gamboun, objet parfait : « C'est si rare, note-t-il, le bibelot qui vous satisfait complètement ! » En août 1894, occupé à de petites inventions que les « natures non artistes » considéreraient comme des futilités, il acquiert, pour en faire des gardes de livres, des robes portées au XVIIIe siècle.

A la barbe d'une bourgeoisie cupide et lésineuse, il étale sans remords, insolemment, ses débours : quinze mille, trente mille francs de bibelots par an. Emporté par sa passion de l'Extrême-Orient, il ira plus loin encore en 1889 : « Quand je pense que moi, misérable, je touche à la somme de 300 000 francs – tous mes gains littéraires, – à la somme de 300 000 francs, sortie de ma poche pour de la chinoiserie et de la japonaiserie. Eh bien, cette somme, qu'est-ce que ça représente au fond, quand on la décompose ? 300 objets à 1 000 francs, 600 objets à 500 francs, 1 200 objets à 250. Oui, cette somme formidable ne représente que ça [1] ! »

L'admirable, dans *La Maison d'un artiste*, puits de félicités, c'est que s'y inscrit sans

---

1. L'inventaire de *La Maison d'un artiste* est donc incomplet en 1881, date de sa publication. Il s'enrichira de beaucoup d'autres objets, Edmond poursuivant ses achats jusqu'à la fin de ses jours.

amertume l'annonce de sa disparition et de son démembrement. Car il s'agit à la fois de l'inventaire qui perpétue une demeure, et du capital qui permet d'assurer pour une large part la fondation de la *jeune Académie* : « Je déclare affecter pour la constitution de cette société tant le produit de la vente de mes biens et objets mobiliers que les sommes à provenir de mes droits d'auteur[1]... »

Cependant, Goncourt ne conçoit pas que ses collections soient dispersées dans le désordre et au rabais. Les objets d'art du XVIIIe siècle et les curiosités de l'Extrême-Orient n'ont-ils pas pris récemment une énorme valeur ? Que les antiquaires et les libraires en tiennent compte ! Du reste, ils pourront se reporter au cahier rédigé par Goncourt sous le titre : *Recommandations relativement aux ventes qui doivent se faire après mon décès.* Ils sont invités à consulter aussi *La Maison d'un artiste*, qui

1. Testament d'Edmond Huot de Goncourt, *in* André Billy, *op. cit.*, III, p. 166.

« Par le prix de 1919 », rappelle Proust qui avait obtenu le Goncourt pour *A l'ombre des jeunes filles en fleurs*, « une parcelle de la fortune de M. de Goncourt m'a été transmise. » (Marcel Proust, *Contre Sainte-Beuve, op. cit.*, p. 641.)

est, somme toute, le catalogue d'un expert pluridisciplinaire. Ils y verront Edmond, tel un commissaire-priseur, présenter les ouvrages, splendidement reliés, des Goncourt. Pour « les rendre dignes des enchères des ventes futures » et en faire des espèces de bibelots, il a eu l'idée d'y adjoindre des dessins originaux et des autographes. Ainsi, *Henriette Maréchal* renferme une aquarelle de Gavarni, une lettre du dessinateur, des vers de la main de Théophile Gautier. Et voici, parmi tant de merveilles, le manuscrit des *Notes sur l'Italie* où les croquis d'Edmond et les aquarelles de Jules s'entremêlent avec leurs écritures.

Le 7 juillet 1892, Edmond place sur le balcon du boulevard Montmorency le médaillon de son frère, de sorte que cette maison où il est mort, porte sur sa façade « comme une jolie signature des Goncourt ».

ÉPILOGUE

La méchanceté de l'heure

Deux vulnérables natures

Les Goncourt comptent parmi les grands blessés de la littérature du XIXe siècle, ainsi qu'en témoigne le *Journal,* ce volumineux dossier de presse. Pour leur premier livre, *En 18...* Jules Janin, dans un feuilleton allègre et brouillon, alléguant leur jeunesse, s'était montré indulgent et amène. Pontmartin, en revanche, dans la *Revue des Deux Mondes,* les avait affublés d'un bonnet d'âne. Sans y attacher d'autre importance, tout à la joie d'être épaulés par Janin, les deux frères se persuadent d'ores et déjà qu'ils n'auront pas d'ennemis tièdes. Quand paraît, en 1860, *Les Hommes de lettres* – intitulé plus tard *Charles Demailly* –, c'est Pontmartin qui les soutient, et Janin qui, férocement, les éreinte, prétendant voir dans leur œuvre une incitation au mépris des lettres.

Ils lui rendent visite pour le remercier de ce qui est néanmoins une réclame. Janin les rassure : son article, il l'a fait à la va-vite, sans prendre le temps de le relire. Il aime beaucoup leur livre ! Ainsi les Goncourt découvrent-ils que dans le monde où ils se lancent, rien n'est vrai : ni le jugement, ni l'émotion, ni la poignée de main.

Bientôt ils gémiront sous les injustices et les insultes. On n'a pas été bon pour eux. « Ah ! que vous êtes détesté, haï, cela dépasse l'imagination ! » s'exclame Rosny. Que d'offenses dont le *Journal* rapporte les circonstances et les détails ! Personne n'a été plus qu'eux victime de la voyouterie contemporaine. Edmond ne laissera pas de le ressasser : « Il sera peut-être curieux pour les mortels du XXe siècle qui s'intéresseront à ce *Journal*, à cette histoire intime de l'humanité des lettres pendant plus de quarante ans, de savoir combien l'auteur a été injurié de son vivant, et quelles basses et ignobles injures lui arrivaient par la voie des lettres anonymes. » Un spécimen ? « Vous ne signez que *Con-gourd*, mais vous êtes un vrai c... baveux. » Que de sottises aussi sous la plume de leurs détracteurs ! Brunetière soutient qu'il y a plus de vérité dans un roman de

Ponson du Terrail que dans tous ceux des Goncourt. Dans un autre article, il les présente comme des romanciers japonais.

A la différence des deux frères, négligés ou rabaissés, Daudet, dont Edmond assure obstinément qu'il n'est pas jaloux, est « bombardé d'articles dans toute la presse... *polyglotté* dans toutes les langues, gorgé d'argent par les éditions, les traductions, les reproductions... enfin, si jeune, apprécié, reconnu et *trompeté* comme *talentueux,* sans que dans cette reconnaissance générale se glisse la moindre attaque, la moindre contestation... » Il me vient, poursuit Edmond, « au fond de moi, je l'avoue, une amertume, non pour moi qui jouis d'un certain regain, mais pour mon frère, qui n'a jamais eu, dans toute sa vie, rien de ce vent de faveur et de succès ».

Du moins le *Journal*, par un effet de scandale, devrait-il s'écouler comme un livre de Drumont. Il n'en est rien. En mars 1887, Charpentier peine à entamer le troisième mille, quand Drumont se vend comme des petits pains. En mai 1888, pas un mot des trois premiers volumes, « ni dans la *Revue des Deux-Mondes*, ni dans la *Revue* de Mme Adam, les deux seules revues qui comptent ». En mars

1890, hormis un coup de patte de Besson [1], c'est encore le silence. En décembre 1891, après un mois de parution, « pas une lettre, un billet, un mot aimable ou complimenteur ». Cinq ans plus tard, le bilan n'est pas meilleur. Fasquelle l'annonce à Goncourt : le neuvième volume du *Journal* n'a pas l'air de « vouloir partir ».

Zola, se posant en consolateur, feint de voir dans les tribulations de Goncourt le signe qu'il est toujours un battant.

1. Louis Besson, chargé, à *L'Evénement*, de la *Chronique d'un indifférent*, observe : « M. de Goncourt (l'aîné – et non plus l'autre, celui qu'on regrette) recommence pour son propre compte la publication du *Journal des Goncourt...* »

Les jeunes

Décembre 1888 : Francisque Sarcey, ancien élève de l'Ecole normale supérieure et chroniqueur du *Temps*, s'en prend à la pièce de Goncourt, *Germinie Lacerteux* : « M. de Goncourt n'entend rien, rien absolument au théâtre. » Goncourt lui réplique effrontément : « Vous avez été toujours, Monsieur, un étonnement pour moi, par le bouleversement que vous avez porté dans la conception que je m'étais faite du Normalien. Car je dois vous l'avouer, je voyais dans le Normalien un homme tout nourri des beautés et des délicatesses des littératures grecque et latine et allant dans notre littérature aux œuvres d'hommes s'efforçant d'apporter, autant qu'il était en leur pouvoir, des qualités semblables... » La preuve que M. Sarcey est un critique démodé, *perruque*, vieux jeu, Goncourt la tient entre les mains.

C'est la lettre que vient de lui adresser un admirateur inconnu, entré à l'Ecole en 1887, Romain Rolland : « Je suis élève de l'Ecole Normale. J'imagine que vous ne l'aimez guère. Nous sommes donc moins suspects que qui que ce soit, nous qui avons combattu pour vous le bon combat, hier soir. C'est en mon seul nom que je vous écris, mais nous étions foule à vous acclamer à la troisième de *Germinie.* Nous étions venus pour protester contre l'indigne cabale, qui n'a pas cessé de s'attacher à vous, et pour forcer le respect dû à votre talent. »

Cette lettre, et la longue diatribe qui précède, ne paraîtront qu'en 1894, dans le volume VII du *Journal,* sans produire aucun écho. « C'est incroyable, gémit Edmond, que cette attaque de mon *Journal* contre Sarcey n'ait pas été relevée par un seul *jeune*! Ils ont tous une pièce ou une idée de pièce en portefeuille, et ils sont à l'heure présente si politiques et si couards, les jeunes, qu'ils n'osent affronter le futur éreintement du critique dramatique. » Zola, de même, stigmatise « le manque de vaillance, de bravoure, de témérité » de la jeunesse littéraire.

Méritent-ils seulement d'être appelés jeunes ? Edmond les connaît bien. Il les reçoit à déjeuner. Et de déplorer « leur manque d'entrain, de gaîté, de jeunesse ». On s'amusait autrement chez Magny ou chez Brébant, ces derniers cénacles de liberté.

Ternes et ennuyeux, ces jeunes ne sont pas des naïfs. Ils connaissent mieux que personne la place de Paris, savent comment agir sur tel éditeur, tel directeur de journal, de théâtre, de revue. Véritables courtiers des lettres, ils possèdent le *know-how* qui manquait à l'ancienne génération. Bien leur en prend, car ils sont pressés, impatients de succès, avides d'argent, incapables de travailler dans la retraite et le silence. Peu leur importe le coche, pourvu qu'ils ne restent pas à quai.

Quand les Goncourt, les Daudet, les Zola se laissaient, au départ, guider par des romanciers ou des poètes, les jeunes endossent le harnais vieillot, dogmatique, professoral de leurs mentors. Sans doute ne seraient-ils pas fâchés de voir *Germinie Lacerteux* interdit par le Sénat. Or, il arrive que ces potaches attardés, mâtinés de pudibonderie, prennent pour dieux Baudelaire, Villiers, Verlaine, « certes trois hommes de talent, mais un bohème sadique, un alcoolique, un pédéraste assassin ».

La France à vau-l'eau

Le Paris qui sentait le monde de Balzac, le Paris moral de 1830 à 1848, ce Paris-là n'est plus. Les Goncourt s'y sentent d'autant plus étrangers que, plongés dans le XVIIIe siècle et ses mœurs, ils publient coup sur coup, entre 1857 et 1859, *Sophie Arnould, Portraits intimes du XVIIIe siècle, Histoire de Marie-Antoinette, L'Art du XVIIIe siècle.* Sur la société qui est en train de se construire, ils jettent un regard désespéré. Les guinguettes sont condamnées, les bordels ont l'air de bars américains. Plus une jolie fille au bal de l'Hermitage ; l'argent en a fait des lorettes. A Saint-Sulpice, les épiciers se mettent à vendre des cierges, etc.

En juin 1857, Scholl les invite à le suivre Faubourg du Temple dans une maison où s'entassent des centaines de travailleuses. Giletières, piqueuses de bottines, peintresses de porcelaine, elles travaillent de nuit, et se prostituent, encore endormies, à onze heures du matin. Dans cette chambre du cinquième étage qui pue le renfermé, le punch, la sueur du travail et des siestes, le cœur des Goncourt se soulève, plein de haine :

« Oui, cela est le peuple, cela est le peuple et je le hais. Dans sa misère, dans ses mains sales, dans les doigts de ses femmes piqués de coups d'aiguille, dans son grabat à punaises, dans sa langue d'argot, dans son orgueil et sa bassesse, dans son travail et sa prostitution... (...) Songez-vous que c'est là, dans ce fond, dans la mansarde, que se récolte l'armée, – la défense et la garde des sociétés ? Songez-vous que l'armée sera socialiste avant cinquante ans ? Et alors ? Les officiers nobles, qui ont fait faire tant de tirades, n'étaient pas si bêtes : ils mettaient l'armée dans la main de la Société. L'armée est rentrée dans la main du peuple depuis 1789, on le verra un jour ! »

La montée du socialisme, les Goncourt l'appréhendent à tout propos. Sous prétexte que le clergé est enclin aux attouchements déshonnêtes, on envisage de confier les enfants aux instituteurs, mais ne serait-ce pas ouvrir « une prodigieuse, une effrayante école de socialisme » ? Les conséquences en seraient incalculables. On les devine faisant boule de neige dans le *Journal* de janvier 1861 : « La plaie, la grande plaie moderne, c'est l'instruction. Toute mère du peuple veut donner et, à force de se saigner aux quatre veines, donne à son enfant l'éducation qu'elle n'a pas eue. De cette folie générale, de cette manie, partout répandue dans le bas de la société, de jeter ses enfants par-dessus soi, de les porter au-dessus de son niveau, comme on porte les enfants au feu d'artifice, naît l'irrespect fatal des enfants pour les parents. Les fautes d'orthographe déconsidèrent, auprès de l'enfant qui a été au collège, le père et la mère... Et il arrive nécessairement que le fils ou la fille arrive à rougir de ses parents. » Un mal qui, de proche en proche, gangrènera toutes les couches sociales : « Un jour viendra où il n'y aura plus que des têtes, des plumes. Nous marchons à n'avoir plus de bras, les ouvriers ne faisant plus souche d'ouvriers, les laboureurs ne faisant plus souche de laboureurs, dans ce mouvement d'ascension de chacun vers la classe au-dessus de celle où il est né. »

Il est bien d'autres motifs de découragement. L'alcoolisme fait des ravages. Daudet reçoit la visite d'un maçon *bafouillant,* parce que pris de boisson. « Eh bien, commente Goncourt, est-ce que l'alcoolisme ne serait pas la vie logique de l'homme du peuple, quand l'alcoolisme n'est pas chez lui méchant, ne lui fait pas battre sa femme et ses enfants ? Car l'alcoolisme lui fait passer sa dure existence dans un état paradisiaque et sans qu'il ait la moindre perception de sa dureté. » Il y a lieu néanmoins de s'inquiéter. Le tempérament de l'ouvrier se délabre, comme l'explique à Edmond une maîtresse de bordel, idéalement à même de vérifier que le coït a perdu de son « enragement ». Autrefois, elle devait surveiller l'homme qui montait, car souvent il s'arrangeait pour tirer deux coups, instantanément, au même prix : « Maintenant, cette surveillance n'était plus utile, l'homme ne redoublait pas. »

Ronchons et intraitables, les Goncourt se répandent en doléances de toutes sortes. Les gens honnêtes n'intéressent plus personne, et comme les canailles sont à l'honneur, les journaux annoncent un projet de loi destiné à rémunérer les détenus de leur travail. Dans les questions de grève, les gouvernements se montrent d'une coupable faiblesse. Or, les grèves augmentent le coût de la vie. Quand se rebellent, les 28 et 29 juin 1891, les garçons boulangers, Goncourt propose une contre-grève. Que les bourgeois s'associent pour ne plus consommer de pain pendant huit ou quinze jours et le remplacer par du riz ou des pommes de terre !

Quoi d'autre encore dans cette France qui fout le camp ? Goncourt déplore, en 1892, les mariages de Français avec des étrangères, « ce qui n'existait pas dans l'ancienne France », « mariages qui donnent des enfants français qui ne sont pas tout à fait des Français ». Autre misère : la médiocrité des produits d'aujourd'hui, fabriqués par des machines. Balzac jugeait de même en 1840, voyant ses chemises s'user plus vite que de raison. « La main seule, d'après Goncourt, donne la vie aux choses. »

Sur ce chapitre de la modernité, n'oublions pas la bicyclette, que l'on accuse chez Plon, en 1893, de tuer la vente des livres, parce que la « manivelle » coûte cher et que la pratique de cette sorte d'équitation ne laisse plus d'heures pour lire.

Un matin de 1866, trouvant dans leur courrier un prospectus pour le progrès du canotage, Edmond et Jules poussent les hauts cris : « Ce n'est plus un plaisir, une récréation, un exercice gymnastique, enfin le canotage ! C'est le *sport nautique*, une institution de progrès ; quelque chose qui a des présidents, des secrétaires, qui fait des discours aux régates ; une société de pochards en vareuse et de marins d'eau de vaisselle, qui veulent, avec l'association, faire leur chemin au moyen de cela, arriver par la marine de plaisance à des distinctions, à une sorte de carrière. » Le siècle sue la blague, la suffisance, l'arrivisme. Flaubert en faisait des gorges chaudes, les Goncourt en ont des aigreurs d'estomac. Mais ils sont, coûte que coûte, condamnés à se frayer un passage dans ce qu'ils baptisent l'ère des *Gugusses* [1].

Ce n'est pas un hasard si le *Journal* se termine sur la présence roborative et complice de Robert de Montesquiou. Goncourt qui tient beaucoup à sa qualité d'aristocrate, s'enchante d'être reconnu comme tel par Montesquiou,

1. « Le bruit court que le comte de Chambord est mort. C'est le coup de hache qui coupe la dernière amarre retenant le temps présent au temps passé. Nous entrons à tout jamais dans l'ère des *Gugusses*. » *Journal*, 2 juillet 1883.

ce raffiné. *Germinie Lacerteux,* précise Goncourt, ne pouvait être l'œuvre que d'un aristocrate dont le *de* n'a rien de commun avec le *de* usurpé d'un Maupassant ? Mais comment un aristocrate pourrait-il prendre son parti de la vulgarité de ses contemporains ? Sous l'Ancien Régime, lit-on dans le *Journal,* « les grands seigneurs représentent la folie, le désordre, la dépense, les caprices de l'élégance du vice, la noblesse et la finesse de la débauche. Au XIXe siècle, le gentilhomme est bourgeois. Que représente-t-il ? La famille, l'épargne, la bourgeoisie ». Les dandies, à commencer par Chateaubriand, nous l'avaient enseigné : le XVIIIe siècle dépense ou dilapide, les modernes thésaurisent. A Bar-sur-Seine, en 1862, les Goncourt enregistrent la monstrueuse histoire de Trumet, un archimillionnaire, qui, envoyant ses fils au collège, leur remet, en guise de cirage, une couenne de lard pour frotter leurs souliers.

« Plus je vais, plus je me plais avec cette société qui s'en va, des gens bien nés. » Sortant de chez le comte de la Béraudière dont ils ont apprécié la grâce, les égards, les attentions de politesse inimaginables dans une maison bourgeoise, les Goncourt sont pris de nostalgie. Du moins leurs travaux sur le XVIIIe siècle leur offrent-ils une sorte de rapatriage, l'équivalent, dans *La Maison d'un artiste,* de la chambre à coucher d'Edmond avec ses porcelaines et ses tentures : « Un ensemble d'objets qui, le matin, me donne l'impression de me réveiller, non dans mon temps que je n'aime pas, mais bien dans le temps qui a été l'objet des études et des amours de ma vie ... »

Quand Edmond s'interroge sur la légion d'inimitiés encourues, un mot lui vient aux lèvres : propreté. La propreté de la vie des Goncourt écœure une majorité qui a le goût de la vie malpropre. La manipulation des médaillons de Léonide Leblanc, une actrice aux multiples liaisons, est à cet égard symptomatique. En janvier 1862, Aurélien Scholl, radieux, apprend aux Goncourt qu'il est l'amant de la ravissante Léonide. « Et aussitôt, il me montre un médaillon contenant de ses poils, car il a toujours preuves en main. C'est un Richelieu fort en garde contre les saint Thomas ! (...) Comme Scholl lui demandait de ses poils : “Tiens, coupes-en autant que tu voudras, mais je veux te donner le médaillon pour les mettre.” Et Scholl lui voit ôter d'un médaillon quelque chose de noir : “Qu'est-ce que c'est ? – Ça ? C'est des cheveux de mon père. Je les mettrai dans un plus grand." »

L'histoire des médaillons, commentée par Goncourt, « donne la note de ce monde-là ». Car il ne s'agit plus, en l'occurrence, de cochonneries ou de polissonneries – les Goncourt ne sont pas bégueules –, mais de la saleté même, de la turpitude innommable. Pour un peu l'on se ganterait.

Sous le masque cruel de l'indiscrétion, les Goncourt, en dix lignes, retournent le siècle contre lui-même.

TABLE

III

LES MISOGYNES

IV

LES ANTISÉMITES

V

FRAGMENTS POUR UN PORTRAIT

Épilogue

LA MÉCHANCETÉ DE L'HEURE

Impression réalisée par

BUSSIÈRE

GROUPE CPI

à Saint-Amand-Montrond (Cher)
pour le compte des Éditions Grasset
en novembre 2004

Nº d'Édition : 13511. Nº d'Impression : 044539/1
Première édition : dépôt légal : août 2004.
Nouveau tirage : dépôt légal : novembre 2004.

Imprimé en France

ISBN 2-246-63471-7